JN437952

놀라움

아버지 어머니 모습

思仁 辛大敎 아버지 모습

毘盧華 洪乙杓 어머니 모습

놀라움

■ 머리말

아버지 어머니!

어쩌다가 제가 주제넘게 아버지 어머니께 글을 드리게 되었네요.

사실 저는 글을 써 본 적이 없어 감히 쓸 용기가 나질 않았습니다만, 두 분의 황금기에 33년간 사시던 화평동 집을 비롯하여, 평택 황구지 외가와 예산 대술면 숯골의 고향 집과 산천초목이 어찌 살아오신 삶인데 그냥 묻혀버리려 하느냐고 들고 일어나, 아우성을 치는 바람에 힘을 내어 그들이 증언하는 대로 읊었을 따름입니다.

사람이 아닌 집과 산천초목의 진술인 만큼 소박하고 감성적인 면이 많습니다만, 거짓이 아닌 팩트라는 점은 믿어도 좋겠습니다.

말투가 좀 예의 바르지 못하다고 느낄 부분도 있을지 모르지만, 사람이 아닌 사물이라는 점에서 양해하여 주십시오.

아버지 어머니 호칭 문제는 생존해 계실 때 부르던 대로 하는 것이 정겹고, 가장 가깝게 느껴지기에 그냥 아버지 어머니로 하였습니다.

그리고 할아버지니 고모니 이모니 오빠 동생들 호칭의 기준은 나를 기준으로 통일하였습니다.

또한 아버지는 대성목재 신 전무님이 닉네임처럼 되었기에 경리과장이니 상무님의 짧은 기간은 구태여 구분하지 않고 신 전무님으로 하였음을 양해 부탁드립니다.

여기저기에서 미흡한 점이 많이 눈에 띄시더라도 너무 책망하지 말아 주시길 바라면서 이만.

2023. 늦은 봄

딸 신정현 드림

차 례

Contents

제6부 추모의 글

제7부 권말 부록

화평동 집 평면도
(30평 한옥)

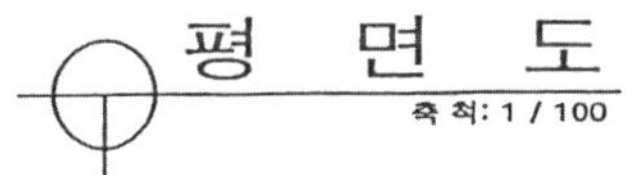

辛大敎 아버지 가계도

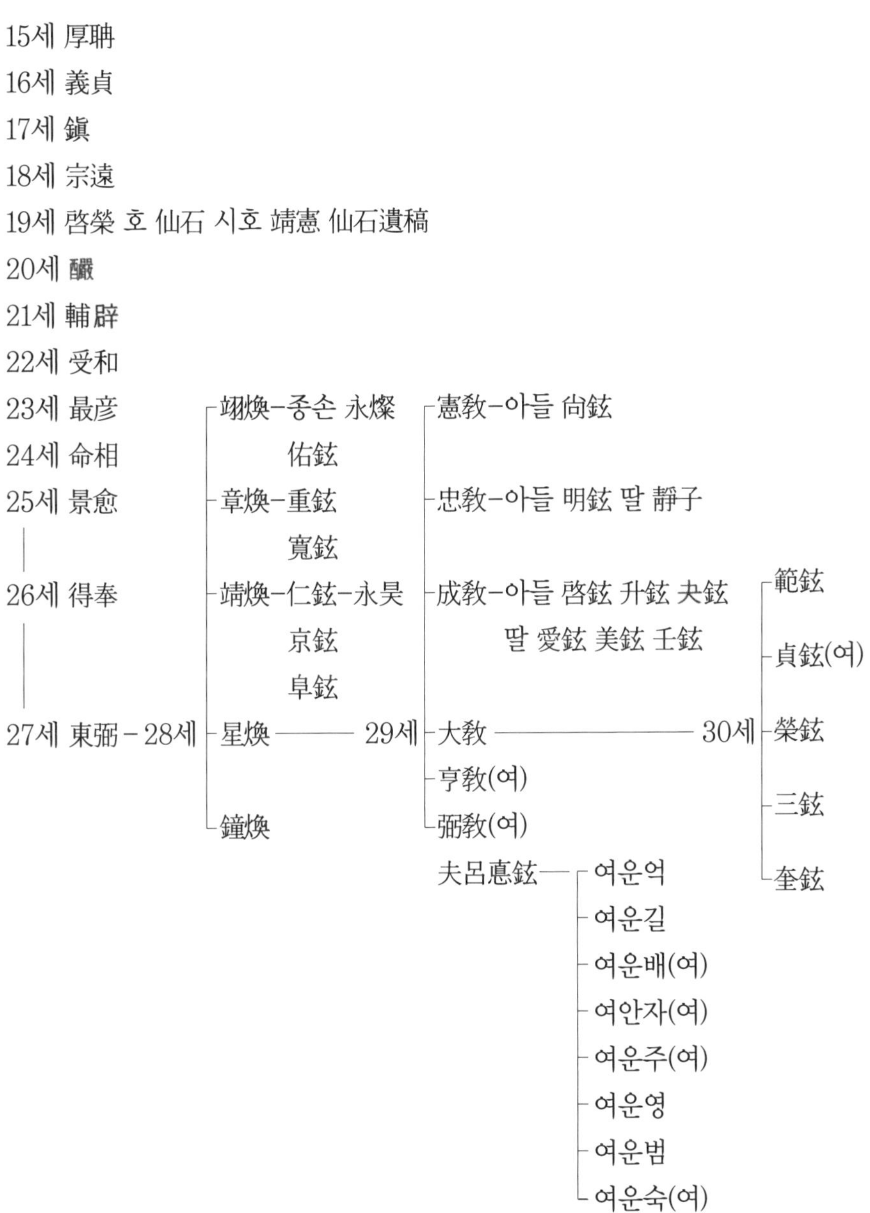

15세 厚聃
16세 義貞
17세 鎭
18세 宗遠
19세 啓榮 호 仙石 시호 靖憲 仙石遺稿
20세 釅
21세 輔辟
22세 受和
23세 最彦
24세 命相
25세 景愈
26세 得奉
27세 東弼 - 28세
翊煥-종손 永燦
佑鉉
章煥-重鉉
寬鉉
靖煥-仁鉉-永昊
京鉉
阜鉉
星煥 29세
鐘煥
憲敎-아들 尙鉉
忠敎-아들 明鉉 딸 靜子
成敎-아들 啓鉉 升鉉 夬鉉
딸 愛鉉 美鉉 壬鉉
大敎 30세
亨敎(여)
弼敎(여)
夫呂悳鉉
여운억
여운길
여운배(여)
여안자(여)
여운주(여)
여운영
여운범
여운숙(여)
範鉉
貞鉉(여)
榮鉉
三鉉
奎鉉

洪乙杓 어머니 가계도

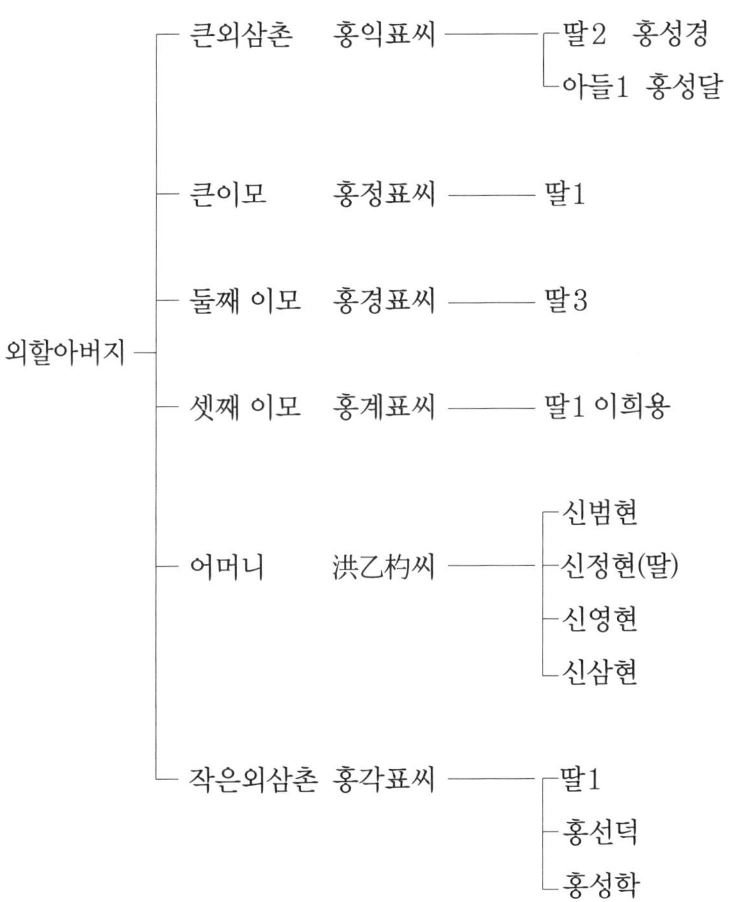

외할아버지
큰외삼촌 홍익표씨
딸2 홍성경
아들1 홍성달
큰이모 홍정표씨
딸1
둘째 이모 홍경표씨
딸3
셋째 이모 홍계표씨
딸1 이희용
어머니 洪乙杓씨
신범현
신정현(딸)
신영현
신삼현
작은외삼촌 홍각표씨
딸1
홍선덕
홍성학

訓家 家敎大辛

一 正義必勝

一 家傳忠孝

一 世守敦睦

1業餘 얼

애들에게 편하자8 대신 가훈에

대해 신년부 訓 을 한이 너의

들도 관심을 가지고, 잘 명지 시

켜라?

가정교육에 근본이 되는걸

노암

No. 1

새해를 맞이하여
행복과 건강함을 축원한다.

금년에는 가훈을 준수하여 가문이
빛나도록 다같이 노력하기 바란다
우리 가훈은 조상으로부터 대々로 내려온 교훈
을 가훈으로 정하였음

가훈

一. 正義必勝 (정의필승)
사람은 항상 정직하게 고운 마음으로
살아나가면 반드시 승리하나간다

一. 家傳忠孝 (가전충효)
우리 가문은 조상대々로 나라
에 충성다하고 부모 조상에게 효심
을 바쳐 내려왔다.

一. 世守敦睦 (세수돈목)
우리는 세상사람들과 화목함을 도탐게하
며 사회질서를 도모하고 상호존중해 정
화롭게 살아왔다.
우리 가훈은 인생이 살아가는데 직시
아닐 모든점이 이세구절에다 포함되있다
우리는 이 가훈을 잘 준수해 나가면 우리 가문에

No. 2

인재도 많이 배출되고 명가문으로 자손
만대 빛나는 가문을 존속시킬 수 있
다고 확신함
항상 가훈을 염두에 두고 실행하며
후손에게 전해야 한다고 생각함
2○○○ 一 一日. 이상을
부父 씀
조부대교 씀

제 1 부

화평동 집

화평동 집의 자부심

내 비록 인천 부자 동네에 태어나지 못하고, 바다 생선 비린내 펄펄 풍기는 평민이 사는 화평동에 태어났다만,

그래도 우리나라 최초의 공원인 자유공원이 있는 응봉산 동북쪽 기슭이고 동인천역에서 십 분 거리라 살기 편한 동네지.

말이야 바로 말이지 대성목재가 한참 잘 나갈 때에는 대성목재 신대교辛大敎 전무님 댁이라고 하면 아마도 인

천 바닥에서는 가장 인기를 끌었다 해도 지나치지 않을 정도였어.

그도 그럴 것이 대성목재는 그 당시 우리나라에서 둘째가라면 서러울 정도로 6,000여 명의 종업원을 거느린 큰 공장인 데다가 辛전무님이 공장장으로 있어 취직하려 몰려오는 공주 홍성 서산 당진 예산 청년들의 발길이 이 집에 끊이질 않았으니 유명해질 수밖에.

그런데 말이야

나도 백 살을 넘다 보니 이제 사라질 날도 머지않아 내 살아온 얘길 좀 남기고 싶은데, 어찌 된 영문인지 내 집에 사시던 신대교 아버지 홍을표 어머니의 자손들이 꿈쩍도 안 하는 거야.

자손들이 벌써 움직여 탄신 백 주년 기념으로 책 한 권쯤은 냈어야 마땅한데 겸손한 건지 착해 빠진 건지 도저히 납득이 안돼.

별로 내세울 것도 없는 이들도 전기傳記다 뭐다 해서 마구 기록을 남기는데, 오죽하면 참다 참다 못해 내가 발 벗고 나설 수밖에.

내 비록 백 년의 견문밖에 쌓지 못한 처지지만, 난 이 분들의 행적은 듣도 보도 못했어.

집이 넓은 것도 아니고, 돈이 많은 것도 아닌 분들이 일가친척은 물론이고 사돈의 팔촌까지도, 도와 달라 하면 자기 먹을 밥 한 그릇까지도 나누어 먹이고 재워 주는 특이한 분들이라, 그냥 역사의 뒤안길로 사라져서는 안 되겠다는 생각에서, 감히 두 팔을 걷어붙인 게야.

아무리 생각 생각해 봐도 이런 분은 전에도 없었고 후에도 없을 전무후무前無後無한 분들이라 아무래도 홍을표洪乙杓 어머니는 관세음보살觀世音菩薩, 신대교辛大教 아버지는 보현보살普賢菩薩의 화신이 아닐까 싶어.

아무튼 내가 된 둥 안된 둥 주저리주저리 읊어댈 테니까 따라 읽다 보면 내 이야기가 맞다는 생각에 이르리라 믿어 의심치 않아.

복덩이 건넛방의 자랑

우선 이 방의 주인공인 고명딸 신정현부터 소개해야겠네요. 이 집안은 어찌나 아들이 많고 딸이 적은지, 할아버지는 6남 1녀요, 아버지는 4남 2녀요, 자기는 4남 1녀라, 딸이 귀하다 보니 자연 귀여움을 독차지할 수밖에.

거기다가 늘 몸이 약하다 해서, 혼자만 어머니가 하루 달걀 한 개씩을 특별히 주었고, 아버지와 겸상도 딸 하고만 하는 것이었어.

거기다가 공부도 잘해 늘 1등을 놓치지 않고, 부지런하니 명실상부한 이 집의 귀한 공주로, 우리 건넛방을 사촌 언니가 예산에서 고등학교를 나와 교원양성 과정을 밟으려 2년간 있다 간 것 말고는 혼자 조용히 쓰는 방이었지.

그런데 말이야, 1.4 후퇴 때 내려왔던 중공군을 격퇴시킨 지 일 년쯤 지난, 가랑비가 부슬부슬 내리던 어느 초여름 날 저녁, 늘 술이 거나해지셔서 비틀비틀 들어오시던 이 집 주인이신 辛대교 전무님이 웬일인지 좀 일찍 들어오신다 했더니만,

아이참 뭐 이런 일이, 한밤중에 이 집 공주 신정현 아가씨가 쓰는 우리 방에 들이닥친 게야.

고모 고모부네 식구 열 명이 살 곳이 없다고, 아무리 그래도 그렇지 두세 사람이 쓰면 좋을 방에 열 명이라니, 숨이 막힐 지경이었지.

그러니 할 수 없이 조용한 방에서 열심히 공부하던 딸은 부랴부랴 짐을 챙겨 엄마 아버지에 남동생 둘까지 네 명이 쓰고 있는 안방으로 쫓겨나는 신세가 되었으니 내 마음이 아플 수밖에,

이 집 고모 신필교辛弼敎 씨는 용인에 사는 뼈대 있는 함양 여呂씨인, 여덕현呂悳鉉 씨와 결혼해 생산성이 어찌나 좋은지 장남 여운억 오빠를 비롯해, 이 집 장남 신범현 오빠보다 한 살 더 먹은 차남 여운길 오빠에다가, 이 집 아가씨보다 한 살 많은 장녀 여운배 언니가 있는가 하면,

야무진 둘째 딸 여안자에다가, 셋째 딸 여운주까지 딸 셋을 연거푸 낳으시더니만, 이번에는 셋째 아들 여운영, 그리고 이 집 셋째 아들 신삼현과 동갑내기인 넷째 아들 여운범까지 아들 네 명을 낳으시고, 끝으로 막내딸 여운숙이라,

다복도 하시어라, 4남 4녀를 두셨네.

그러니 고모 고모부님까지 열 명의 대식구가 들이닥친 게야.

말이 열 명이지 아이들이 모두 학생이다 보니 공부할 때 보면 책상도 없이 쪼그리고 앉아 서로 비비고 부딪치면서도 참 열심히도 하는구나, 비록 지금은 고생한다만 잘 사는 날이 오리라 믿었지.

그러나저러나 처음 올 땐 피난 온 거니까 몇 달, 길어야 이 해는 안 넘기고 나가리라 생각했는데 그게 아닌 게야.

몸씨네는 땡전 한 푼 없는 빈털터리인 데다가, 아버지 신대교 전무님은 그 당시 우리나라에서 둘째가라면 서러워할 6천여 명 직원을 거느린 대성목재 전무 공장장이긴 하지만, 마음만 부자라 아무 대책도 없이 누님네 열 식구를 얼른 받아들였던 게지, 방 한 칸 얻어 내보낼 여유조

차 없어 함께 먹고 자는 수밖에 없는 형편인 모양이라.

궁리궁리 끝에 아버지 어머니가 빈 터 하나를 장만해 새끼 꼬는 기계 두 대를 장만해서, 고모 고모부 내외가 아침밥만 먹으면 공장에 출근하셔서, 그때는 새끼가 잘 팔리는 시대인지라, 열심히 새끼를 꼬아서 팔아 돈을 모으고 모아 새끼 꼬는 기계를 한 대 두 대 더 사서 모두 열 대까지 되니, 너더댓 해 지나자 입에 풀칠할 정도가 된 게지.

그도 그럴 것이 너더댓 해 동안 먹고 자는 생활을 처가에서 하다 보니 자립을 할 수 있게 되어 공장 옆에 허름한 가건물을 짓고 독립할 수 있게 된 게야.

정말 말이야 말이지 열 식구 모시는 동안 아주아주 힘든 일도 많았고 보람된 일도 있었지.

고모부님은 작달막한 분이 어찌나 말수가 적고 착하신

지 자식들한테도 늘 온화한 얼굴로 대하시는데, 고모님은 키도 크시고 뼈대도 튼튼해 남자 같은 분인 데다가, 웬 담배를 그리도 피워 대시는지 방 안에 담배 냄새가 찌들어 붙어 숨이 막힐 지경이었어.

밥만 잡수시면 공장 출근이라 큰딸 운배 언니가 빨래와 바느질이랑 도맡아 하느라 고생고생하는 걸 보면 안쓰러웠어.

그래도 운배 언닌 공부 열심히 했고, 외삼촌 신 전무님이 지프차 태워 사범학교에 입학시켜 초등학교 교사를 하며 행복하게 살았고,

뭐니 뭐니 해도 내 방에서 공부해 가장 자랑스럽게 된 인물은 인천공고를 나와 해군사관학교를 졸업한 후 능력이 뛰어나 해군 제독이 된 운길이 오빠야.

그뿐만 아니라 모두들 향학열이 대단하고 머리도 좋

아, 여안자는 인하공대 화공과를 나와 결혼해 플라스틱 회사를 차려 부자가 되었고, 팔 남매가 하나같이 대학을 나왔으니,

내가 감히 복덩이 방이라 자찬하는 게지.

좁은 방에 말이 열 명이지, 방귀 한 번씩만 뀌도 열방이라 내가 얼마나 참느라 고생을 했겠어. 거기다 아픈 사람이 하나만 있어도 끙끙 소리에다가, 화장실 들락날락하다 보면 나도 꼬빡 밤샘을 하게 되어 얼마나 힘든 일인지 안 겪어 보고는 모를 일이야.

또 눈치가 빤하고 예민한 나이에 외갓집에 얹혀 사는 신세다 보니 별거 아닌 거에도 노여움을 타게 되고, 억지로 참느라 애를 쓰는 꼴을 보다 보면 바라보는 내 마음도 편치 않을 때가 종종 있었지.

특히 여운범이는 이 집 셋째 아들 삼현이와 동갑내기

라 툭하면 노려보며 기싸움을 자주 했는데, 그럴 때마다 이 집 착한 장남 신범현 오빠가 자기 동생 삼현이를 번쩍 들고 나가기를 여러 번 하는 걸 보면서 주고도 뺨 맞지 않는 게 참 어려운 일이라는 걸 느꼈지.

우리 방에서 공부하고 잘된 신애현 언니는 셋째아버지 큰딸로 예산고등학교 나와 인천에 와 교원양성 과정 거친 후 초등학교 선생님 하다 제주 농과대학 교수와 결혼해 제주에서 감귤 농사도 잘 지으며 여러 남매 낳고 행복하게 살고 있고, 또 그 여동생 신미현이는 인천에 와 취직해 같은 방을 쓰다가 약사와 결혼, 예산으로 내려가 약국을 경영해 부자로 잘살았으니 감히 복덩이 방이라 하겠지.

한때 처가살이 친정살이 하던 고모부 고모의 자손이 어찌나 번창을 했는지, 현재 증손 고손까지 나와 이 두 분의 자손이 무려 100명을 넘는다 하니 고생 끝에 낙이요, 내 방은 아주 빼어난 몸씨네 못자리 터일세.

뭐니 뭐니 해도 우리 방의 가장 자랑거리는 아가씨의 얘기야. 고모네 식구도 나가고 공부 열심히 해 그 당시 이화여대에서 가장 커트라인이 높은 약대에, 인천여고에서 우수한 성적으로 졸업해 당당히 무시험 입학의 영광을 얻은 일이야.

약사 자격을 얻고 집에 돌아와 심심풀이로 동네 관리 약사로 몇 년 일을 하고 있었지. 문제는 30세가 가까이 다가오는데 신랑감이 안 나타나는지 복덩이 딸이라 엄마가 결혼을 늦추는지, 정확히는 알 수는 없지만 아무튼 은근히 조바심이 날 수밖에.

그러던 중 하루는 아버지가 서울공대를 나와 인천 섬유공장에서 근무하는 옛 선린 동창의 아들을 만났는데, 썩 마음에 들어 만나게 해 주겠다는 약속을 했다고 어머니한테 얘길 꺼냈는데, 아 이걸 어쩐다 홀어머니 외아들에 집 살 돈은 있다지만, 현재는 셋방살이 하는 사람이라 어머니가 극구 반대 반대라.

결국 만남을 주선해 주시겠다던 아버지는 어찌할 바를 모를 판에 친구의 아들과 한 약속이라 그냥 넘어갈 수도 없어 한 번 만나게 하고 떼어 버리자는 심산으로, 몰래 조그만 다방 하나를 빌려 만남을 주선했는데, 신랑감이 차가 나오자마자 오늘 데리고 나가도 되겠냐고 여쭈어 승낙을 얻어 낸 다음 오림피아 호텔로 데리고 가 두어 시간 애길 해서 아가씨 마음을 사로잡은 모양이야.

옆에서 보자니 어머니는 그래도 성이 차지 않아 신랑 집에 찾아가 무리한 말씀을 하다가 신랑감한테 되잡혀, 곤란한 일을 당하시기도 한 듯, 파란곡절 끝에 일이 성사되어 처음으로 내 방에 들어온 걸 보니 삼동이 갖고 기가 세게 생긴 터라 아가씨가 잘살 거란 믿음이 갔다네.

아닌 게 아니라 시집가 집안이 불같이 일어나 부자가 되고, 2남 2녀를 두었는데 아이들이 어찌나 공부를 잘하는지,

서울대, 하버드대를 나와 연세대 교수인 맏아들에,

서울대 법대를 나와 아주대 로스쿨 교수를 하는 둘째 딸에,

서울 공대를 나와 경북대 교수를 하는 둘째 아들에,

맏딸은 이대 교육심리학과를 나와 치과의사를 만나 전업주부로 아들 하나에 딸 둘을 낳아 잘 기르고 있다네.

이만하면 내 방을 거쳐 간 이들이 모두 성공을 했으니, 세상에 어느 방이 우리 방의 업적을 따라잡을 수 있으리오.

합숙소 사랑방의 독백

우리 방의 터줏대감은 이 댁 주인이신 신대교 전무님의 부친이신 신성환辛星煥 할아버지이시지.

할아버지는 팔십 고령이신데도 피부가 고우시고 목이 길고, 얼굴이 요즘 선호하는 미남형처럼 자그마한 데다가, 키가 훤칠하게 크셔서 얼핏 보기에 전생에 학이 아니셨나 하는 인상을 주셨어.

사실 할아버지가 계실 곳은 이 집이 아니라 산 좋고 물

좋고 공기 좋은 예산 대술면 송석리 숯골 넓직한 큰아들 집인데, 넷째 아들인 이 집에 와 계신 걸 보면 신대교 아드님이나 홍을표 며느님의 효심이 대단하다는 생각이 들어.

할아버지는 어찌나 술을 좋아하시는지 정종병을 늘 머리맡에 두고 홀짝홀짝 마셨는데, 어쩌다 하루는 석유가 들어 있는 병을 술로 잘못 아시고 따라 마시는 일이 일어나는 소동이 벌어지기도 했지.

할아버지는 솔직한 분이시라 거리낌 없이 내가 석유를 술로 알고 마셨다 하시면, 우리 모두가 깔깔깔 웃으며 즐긴 추억이 생생해.

전무님 아버님이시라고, 이 사람 저 사람 와서 큰절하면 아주 좋아하시며 잘 지내셨는데 어느 날 갑자기 돌아기신 게야. 그깃도 6.25사변이 일어나기 바로 식선에, 그래서 성대히 조문을 받고 예산 선산에 편안히 모시게 되었으니, 얼마나 복이 많으시면 돌아가시는 복까지 잘 타고 나셨는지 감탄할 따름이야.

복덩이 할아버지가 돌아가신 후 얼마 안 있다가 일어난 6.25 전쟁, 말도 말아 내가 태어나 일제 말기에 대동아전쟁을 겪기도 했지만 사실 방공훈련이다 공출이다 징집이다 해서 어수선하기만 했지 총소리 대포 소리 한 번 들어 본 적이 없었는데, 어느 날 갑자기 인민군들이 소련제 탱크를 몰고 나타난 거야.

오죽했으면 전쟁 난 줄도 모르고, 인민군이 길을 잘못 들어온 거라고 이 집 홍을표 어머니는 빨리 밥을 해 먹여 돌려보내야겠다고 했을까.

그러다 보니 피난 갈 새도 없이 인민군 세상에 살게 되었고, 기다리기나 한 듯 남로당에 입당했다가 전향한 보도연맹원들이 빨간 완장을 차고 날뛰는 세상이 되었지.

이집 저집 다니며 숨어 있는 군경이나 그 가족들을 찾아내어 끌어다가 고문하고 죽이는 끔찍한 일이 벌어지니, 나는 이 집에도 나쁜 일이 벌어질까 봐 엄청 걱정을 할 수밖에.

그도 그럴 것이 대성목재라는 큰 회사 공장장이신 辛 전무님이다 보니, 무수한 사건 사고가 있었을 테고 그러다 보면 원한을 살 일도 많이 있었을 테니까, 세상이 바뀐 마당에 해코지하는 일이 일어나지 말라는 법이 없으니 말이야.

그런데 얼마나 착하고 올바로 사셨으면 단 한 번도 이 집에 빨갱이들이 온 일도 없었고, 辛 전무님은 예전과 다름없이 공장에 출근하시는 걸 바라보면서 놀랐지.

경주 최부자나 강릉 선교장의 효령대군 자손이나 만석꾼이 부자로 살아오면서 덕을 많이 베풀어 왜란 호란 동학란 등 끊이지 않는 난리를 수없이 겪으면서도 단 한 번의 해코지를 받지 않았다더니, 바로 우리 집이 그런 모양이라 기뻤다네.

그러나 난리는 난리인지라 이 집 맏아들 범현이 오빠와 딸 정현이 남동생 영현이를 평택 외가로 피신시킨다고, 둘째 이모네 딸 둘을 둘째 이모가 데리고 떠났는데, 찹쌀밥을 해서 지고 바지 안쪽에는 주머니를 만들어 돈을 넣어 주시니, 마치 소풍을 떠나는 기분이 되어 즐거웠는데, 한참 가다가 범현이 오빠는 어머니 아버지 걱정된다고 중도에서 홀로 집으로 돌아간다고, 엉엉 울어 대니 할 수 없이 오빠 혼자 돌려보내고, 우리들만 평택 황구지 외갓집엘 가 있다가 맥아더 장군의 인천상륙작전이 성공된 다음 얼마 지나 집으로 돌아왔지.

말도 말아 인천상륙작전, 쾅쾅쾅 쒸쒸쒸 포탄이 머리 위로 시뻘건 불덩어리가 날아가니, 언제 내 머리 위에 떨어질지 몰라 밤을 꼬박 새우는 수밖에, 이렇게 겁에 질려 뜬눈으로 밤 지새워본 일은 난생처음이지 뭐야.

아무튼 위대한 맥아더 장군의 지휘하에 연합군이 잘 싸워 지긋지긋한 인공 시대는 막을 내리는가 했는데, 이게 웬일이야, 몇 달 지나지 않아 모택동이가 중공군을 동원시켜 압록강을 건너 쳐들어가게 했으니, 모처럼 누리던 승리의 기쁨도 잠깐 혹독한 추운 겨울에 1.4 후퇴란 끔찍한 피난길을 떠나게 되었다네.

그래도 이 집 식구는 辛전무님 덕에 드럼통 실은 목탄차 하나를 얻어 타고, 드럼통 위에 이불을 깔고 덮고 예산 고향까지 갈 수 있었으니, 걸어가는 피난민보다야 호강한 셈이지.

예산에 도착한 후 辛전무님과 신성교辛成教 셋째아버지 그리고 범현이 오빠는 중요한 식구라 다시 제주도로 피난을 떠나고, 우리들은 예산 큰집에 있다가 읍내로 나와 문간방 하나를 얻어 학교를 다니게 되었어.

얼마 안 있다가 우리 국군과 유엔군이 많은 피를 흘리

며 싸워서 중공 오랑캐와 북괴군을 물리치게 되어 우리는 피난민 세월을 마치고, 그리던 인천집으로 다시 돌아오니 얼마 지나지 않아 제주도로 피신 가셨던 아버지 오빠도 돌아오게 되어, 온 식구가 모두 한집에 모여 살게 된 게지.

아무리 생각해도 김일성 스탈린 모택동은 해서는 안 될 몹쓸 불장난을 일으켜 수없이 많은 고귀한 생명을 앗아간 우리 인류의 철천지원수인 게 분명해.

그러나저러나 식구들이 다 피난을 간 다음 우리 집은 텅텅 비어 있었으니 한 시간인들 마음 편히 지낼 수 있었겠어.

그런데 신기한 건 텅 비어 있던 몇 달 동안 개미 새끼 한 마리도 문을 열고 들어오질 않은 게야. 치안이고 뭐고 아무것도 없는 무정부 상태인 데도, 아무리 생각해도 이해가 안 돼.

여기저기 꿍쳐 놓은 물건들이 고스란히 있었으니, 돌아온 홍을표 어머니를 비롯해 식구들이 함성을 지르는 걸 보면서 내가 집을 잘 보았다는 뿌듯함을 만끽했지.

그게 어찌 내 덕뿐이겠어. 물론 명당 덕도 컸겠지만, 이 집 어머니 아버지가 주위에 많이 베풀고 산 덕이 큰 게지.

아무튼 이런저런 일로 우리는 화평동뿐만 아니라 인천에서 명당자리라 소문이 파다해서 눈독을 들이는 사람들이 많아진 게 사실이야.

그런데 궁금한 건 남로당 박헌영의 고향이 바로 예산이라 여길 중심으로 왜정시대에 공산주의 사상이 뻗쳐나가 공주고 평택이고 수많은 보도연맹원이 발생해 6.25 사변을 맞아 어떤 마을은 이리 죽고 저리 죽어 쑥대밭이 된 데가 한두 군데가 아닌데, 어찌 된 일인지 신 전부님 집안에는 단 한 사람도 빨갱이가 없다는 거야.

하긴 일본은 공산주의를 아주 싫어해서, 학교에서 철저히 반공교육을 시켰으니, 첩의 자식 박헌영이처럼 마음이 삐뚤어지지 않았다면 고등교육을 받은 사람이라면 쉽게 공산주의자가 될 수 없었지.

나중에 들은 얘기지만, 이 집 사위는 왜정시대 소학교 1학년이었는데 학교에 들어가기 전에 반공사상을 갖게 되었다는 게야.

그도 그럴 것이 전에도 말한 것처럼 아버지가 辛전무님과 선린상고 동기동창인데 일찍 돌아가셔 사서삼경을 통달하신 어머니가 어찌나 자상하신지 아들을 무릎 위에 놓고 남편이 학교 때 받은 반공교육을 시킨 게지.

"공산주의란 머리 좋아 능력 있는 사람이나 머리 나빠 능력 없는 사람이나, 부지런한 사람이나 게으른 사람이나, 함께 일하고 똑같이 나누어 먹는 사상인데 넌 어떻게 생각하냐?"

대뜸 어린애는 “그럼 누가 열심히 일하겠어? 모두 슬슬 시간만 보낸다면 모두 못사는 세상이 되겠네요.” 라고 대답을 했다는 게야. 이처럼 엄마 무릎 위에서 반공교육을 받았으니 이런 사람한테는 두 번 다시 반공교육이 필요하지 않은 게지.

아무튼 辛전무님이나 셋째 신성교 아버지나 왜정시대 고등교육을 받으신 분들이니 어찌 공산주의 사상에 물들을 수 있었겠어. 그러니 자연히 주위 일가들도 영향을 받아 빨갱이가 한 명도 생겨나지 않을 수 있었던 게야.

그러다 보니 6.25사변이라는 엄청난 비극 속에서도 무참히 목숨을 잃는 참변을 면하는 마을, 참변을 면하는 일가를 이룰 수 있었던 게지.

아무튼 끔찍한 전쟁을 겪으며 뼈저리게 느끼는 건, 착하고 올바르게 살아 남에게 은혜를 베풀지 못할망정 직어도 원한 살 일만은 하지 말아야겠다는 게야.

무심히 뱉어 내는 말 한마디 행동 하나까지도 신중히 하며 살아야겠다는 교훈을 얻게 되었으니, 잃은 것만 있는 게 아니라 얻은 것도 있다는 얘기지.

또 내 방에는 상식적으로는 이해하기 어려운 식구 한 명이 있었는데, 다름 아닌 이 집 큰아들 범현 오빠보다 한 살 더 많은 신충교辛忠教 둘째아버지의 외아들 명현明鉉 오빠가 왜 우리 방에 와 학교를 다니는지 알 수가 없다는 얘기야.

들은 얘기로는 辛전무님이 지난 왜정 때 선린학교善隣學校를 다닐 때 그 당시 서울서 전철회사에 근무하시던 충교忠教 둘째 형님 댁에서 다녔는데, 그 후 둘째 형님이 돌아가시고 형수, 큰딸 정자靜子, 조카 명현明鉉 세 식구가 살게 되었는데, 은혜를 갚겠다는 생각으로 조카를 인천집으로 데려오신 모양이야.

그러나 명현 오빠 입장에서 생각한다면 어머니와 누나

와 함께 살며 공부하는 게 좋았을 수도 있었을 텐데, 몸도 부실해 가끔 요를 적시는 상태에서 작은아버지 작은어머니와 수많은 사촌들과 생활한다는 게 편치 않을 수 있겠다 싶었어.

학교야 좋은 학교든 좀 낮은 학교든 인천보다는 서울에 더 많은데, 왜 인천까지 데리고 와 공부를 시키셨는지.

학비가 걱정이 되면 학비를 대 주면 될 일이고, 생활비를 절약시켜 줄 의도라면 쌀값을 지원하면 될 일인데 말이야.

그렇다고 성적이 사촌과 비등하거나 뛰어난 것도 아니니, 자연 주위에 눌리는 형상이라 내가 보기에도 딱할 수밖에.

몸이 부실하다 보니 홍을표洪乙杓 작은어머니가 한약이다 뭐다 해서 백방으로 애를 쓰는 모양이지만 뚜렷한 차도는 보지 못했어.

이러다가 6.25를 만나 예산으로 피난을 가는 바람에 예산농고를 들어가게 되었고, 그리하여 우리 방에서 졸업을 하게 된 게지.

이럴 때 보면 辛전무님이나 홍을표 어머니나 정이 너무 넘쳐 도와주어야겠다는 마음이 앞서다 보니 상대방의 입장을 덜 생각하신 게 아니신지.

그렇지 않으면 외아들로 홀로 외롭게 자라는 것보다 사촌들과 친형제처럼 자라는 것이 더 좋을 거라든지, 내가 미처 생각하지 못한 어떤 깊은 뜻이 있으신지 나로서는 모를 일이야.

사실 이 방은 아들 혼자 또는 둘의 공부방으로 쓰면 쾌적한 환경이 될 터인데, 두 분은 무조건 주위에 베풀어야 한다는 사명감을 타고 나셨는지, 문제는 지금부터 벌어지는 게야.

그 당시 대성목재는 둘째가라면 서러울 정도로 주로 남자 종업원이 6천여 명이고 일자리가 귀하던 시절이라, 너도나도 들어가겠다고 야단이던 때이고, 일은 고급은 아닌 막노동 급이 많다 보니, 시골 청년들이 들락날락하게 되어 늘 채용하는 사람이 있게 마련.

자연히 공장장님이신 辛전무님께 부탁해 예산 서산 당진 홍성 사돈의 8촌까지 줄을 대어 들어오는 사람이 많을 수밖에.

그런데 문제는 취직시켜 주는 것까지야 좋은데 한 달 밥까지 거저 먹여 준다는 거야. 그리고 한 달 일을 해 월급을 타고 방을 얻어 나간다는 게 말이나 되는 일이야.

어찌나 많은 이들이 이런 식으로 辛전무님 소개로 취

직하면 辛전무님 댁 사랑방에서 한 달 거저 얻어 먹고, 한 달 월급 타고 나가면 된다는 공식처럼 되고 말았는데, 한 가지 재미있는 건 취직하러 올라올 때 시골에서 농사지은 마늘 한 접만 들고 오면 한 달 먹여 주고 재워 준다는 거짓말 같은 공식이 되고 만 얘기야.

아무리 생각해도 도저히 이해가 안 가는 일이야. 취직시켜 주면 됐지 어찌 한 달 동안 먹여 주고 재워 주기까지 하는지. 먹고 자는 거야 본인들이 해결할 문제인데, 시골 사람이라 어디서 먹고 자겠느냐는 생각에 辛전무님이나 홍을표 어머니나 뜻이 맞아 그리 하시는 모양인데 사랑방인 내 입장에서는 홍역을 치르는 일이지.

생각해 봐, 툭하면 생전 못 보던 사람의 땀내 풀풀, 발꼬랑내 풀풀 풍기는 시골 청년이 들어와 하룻밤 자고 간데도 싫은데, 한 달씩이나 파먹고 떠나다니 그것도 한 명도 아니고 서너 명씩 떼를 지어,

그것도 일 년에 한두 번도 아니고 떠나면 또 다른 떼거리가 들이닥치니 나는 두 손 번쩍 들 수밖에.

나야 답답하고 꼬랑내 좀 맡으면 된다지만 여기 거처하며 공부하는 학생 입장을 생각한다면 안타까울 따름이야.

숙제할 때는 그래도 좋아, 그렇지만 시험 때 환경도 이와 같으니 좋은 성적을 기대할 수 있었겠어.

그래도 이 집 학생들은 공부를 다 잘해 우등을 한다지만, 만일 더 좋은 환경을 만들어 주었다면 아마도 전국일등도 나올 수 있지 않았을까 하는 아쉬움이 있어.

그러니 내가 합숙소 사랑방이라 자칭한 게지. 하루도 조용할 날, 하루도 편안할 날이 없는 매일 북적북적 시끌벅적, 한쪽에서는 시험공부 하는데, 한쪽에서는 상기바둑 두는 독서실인지 놀이턴지, 나는 도저히 이런 환경이 마음에 안 들었지만, 내 주제에 무슨 힘이 있어야 건의도 하고 시정도 하지 그저 속만 태울 뿐.

알고 보면 어머니 아버지만 착하신 게 아니야. 웬만하면 이 집 자식들이 들고 일어나 나 공부방 하나 주세요. 이제 대학 시험공부도 해야 하겠는데, 이런 환경에서는 안 되겠다고 항의 한 번 해 볼 만도 한데, 그러는 걸 한 번도 본 일도 들어본 일도 없었으니, 그 부모에 그 자식이라 할 수밖에.

그래도 머리들이 뛰어나고 노력도 아끼지 않아 우리나라 최고는 아니지만, SKY 대학엘 들어갔으니 망정이지 그렇지 않았으면 나라도 나서 두 분께 항의 한 번 했을 거야.

그러나저러나 이 합숙소를 거쳐 간 수많은 사람들도 지금쯤은 많이 늙었을 테고 떠나간 이들도 간혹 있겠지만, 모두들 행복하게 잘 살길 바라는 마음 간절해.

그래도 개중에는 나간 다음 수박 한 통 사서 들고 오는 이를 볼 때면 "당신은 그래도 가정교육을 잘 받았구려" 칭찬의 말을 중얼거리기도 했는데, 대부분은 입을 싹 씻고 마는 거야.

참 세상은 매정하다는 생각이 들어, 辛전무님이나 홍을표 님이 얼마나 여러 사람을 먹이고 재우고 내 방에서 했는데, 대부분 떠나면 그만이야. 더구나 辛전무님이 잠시 부사장님이 되셨다가 그만두신 후로는 너무너무 쓸쓸해 검은 머리 짐승은 거두지 말라는 속담이 꼭 맞아 떨어진다는 느낌이야.

하기야 이분들이 무엇을 바라고 하신 일이 아닌 무주상보시無住相布施일진대, 공연히 보살님이 하신 일을 범부凡夫가 평가하는 꼴이 되고 말았네그려.

아무튼 이렇게 해서 辛전무님 전성기가 지나니 내 전성기도 저물고, 얼마 안 있다가 서울로 이사를 가시게 되어 나는 눈물을 참느라 무척 혼난 생각이 나.

그 후 홍을표 어머니께서 80세에 가시고, 신대교 아버지는 96세에 돌아가셨다니, 나도 머지않아 떠날 날만 기다리고 있다네.

그래도 아주 다행한 일이고 이 세상에 태어나 가장 값진 일은 죽기 전에 두 분의 거룩한 행적을 구술하게 된 일이야.

이제 죽어도 여한이 없어.

그런데 깜박 잊고 안 한 얘기가 있어 한마디 하고 넘어가야겠네. 예산 피난 시절 홍을표洪乙杓 어머니는 아버지 오빠 셋째아버지까지 제주도로 피난을 떠나시고 나니, 두 집 식구 생계가 걱정되신 듯 아침밥만 먹여 놓고는 어디론가 나가 다니시더니 어느 날은 여름 모자 만드는 밀짚을 한 차 가득 싣고 와 동네에 풀어 놓고, 온 동네 사람들을 불러 모아 머리 땋기 모양으로 땋게 한 다음 밀짚모자를 만들어 갖다 팔기를 계속해 돈을 버시는 게야.

그뿐 아니라 예산 전매청에 다니는 일가 오빠가 있었는데 수군수군하시더니, 아마 수복지구 서울에 담배가 귀하다는 정보를 얻어, 담배 한 차를 사서 싣고 서울 영등포로 팔러 가신다는 거였어.

아마도 겹겹이 수많은 군인 검문소를 잘 통과하는 게 문제라 작전을 세운 게, 비 오는 날 새벽에 단단히 카바로 짐을 묶고 가기로 해, 비가 주룩주룩 내리는 밤중에 떠나신 게지.

저녁이 되고 밤중이 되어도 안 돌아오시니 우리들은 울고불고 야단이 날 수밖에. 깜박 잠이 들었다 깨어 보니 다음 날 아침에 도착하셨단다.

영등포에 잘 도착 밤이 되기를 기다렸다가, 아주 비싼

값으로 팔아 이익을 많이 내신 모양이야.

이처럼 어머니는 어느 남자 가장 못지않게 책임감이 강하시고 배포가 크신 여장부로 큰일을 잘하시니, 식구들은 피난 시절에도 배고픈 걸 모르고 지냈다는 얘기야.

헤드쿼터 안방의 기획담

1. 홍계표 이모 하숙집 이야기

그간 복덩이 건넛방이 늘어놓은 힘들었던 얘기나 자랑도 실감 나게 잘 들었으며, 세상에 이런 일도 있었구나 하는 기분이 든 게 사실이야.

이어 합숙소 사랑방의 독백을 듣다 보니 상식적으로는 이해할 수 없는 일이라, 두 분은 범상치 않다는 걸 깨닫

게 되었고, 이런 일이 역사 속으로 사라질 걸 만천하에 알리는 계기가 되어 흡족한 기분이 들어.

그러나 이제부터 나 헤드쿼터 안방이 하고자 하는 얘기는 차원이 다른 느낌이 들 거야.

벚꽃이 활짝 피고 들창엔 보름달이 비치는 어느 봄날 밤 辛전무님은 회사 일이 얼마나 바쁘시기에 한밤중이 되어 들어오시고, 홍을표 어머니는 친정 걱정, 시댁 걱정, 아이들 교육 걱정 밤잠을 설치시며, 궁리 궁리가 꼬리를 무는데 번쩍 좋은 아이디어가 떠오르신 모양.

무슨 얘긴가 하고 귀 기울여 듣자니 아이들도 커 가는데 서울로 대학엘 가게 되면, 여기 인천에서 통학하긴 너무 멀고, 그렇다고 하숙시키기도 만만치 않아 서울에 거처할 방법이 걱정이었는데, 바로 이거야 쾌재를 부르신다.

그것은 다름 아닌 바느질품팔이로 생계를 이어 가는 성북동 홍계표洪癸杓 셋째 이모에게 하숙을 치게 한다는 것이었어.

아이디어가 떠오르자마자, 여기저기 돌아다니시더니 언제 서울까지 가셔서 이 복덕방 저 복덕방 돌아다니고 얻은 결론이 고려대 앞 안암동에 허름한 집터 하나가 급물로 나왔는데, 그걸 싸게 산다는 것이었어.

그러고 나서 셋째 깜장 이모와 함께 하숙집을 짓고, 음식 솜씨 좋고 사교성 뛰어난 이모로 하여금 하숙업을 하게 하면, 이모는 돈 벌으니 좋고, 우리 애들은 거기 보내 공부시키면 따뜻한 이모 밥 먹게 되니 좋겠다는 결론에 도달하신 게야.

하고자 마음먹으니 일은 일사천리로 진행되어, 땅을 사시더니만, 하숙집 설계를 구상하는데 안채는 안방 마루 건넛방 부엌 및 부엌 뒷방으로 하고, 하숙방은 다섯 개를 일자로 짓기로 한다는 것을 어머니와 이모가 결정했어.

워낙 실행이 빠르신 분들이라 결정을 하고 나자 척척 진행되어, 그해 가을에 준공을 맞춰 깜장 이모가 드디어 하숙업을 시작하게 되었지.

깜장 이모로 말씀드리자면, 네 자매 중 특별나게 서울 와서 동덕여학교를 나온 그 시절로 보면 고학력자이신 데다가, 어찌나 유모가 많으신지 어디를 가나 인기 만점이시니, 학생들과 스스럼없이 잘 어울려 주로 고려대 학생의 하숙을 치셨는데, 하도 인기가 많아 너도나도 빈방이 나기를 기다릴 정도였어.

사실 어려서는 맹꽁이가 별명일 만큼 맹해서, 하루는 깜장깨를 냇가에 가서 씻어오라 했더니, 쌀 씻듯 하느라 깨를 반이나 흘려버리고 들어올 만큼 아둔했대.

말인즉슨 하도 맹꽁이라 공부를 더 시켜야 되겠다고 평택 친정에서 네 자매 중 유일하게 서울로 유학을 보내게 되었다는데, 좀 이해는 안 가지만 본인이 웃기느라 하시는 말씀인지 늘 듣던 얘기야.

유학할 때에도 낙제할까 봐 오빠, 사촌 오빠들이 숙제를 다 해 주고, 과외 공부도 시켜 겨우겨우 졸업을 하게 되었다고 늘 본인이 자기를 낮추며 웃기는 걸 보면, 홀로 유학 온 게 다른 자매에게 미안해 하는 말처럼 들리기도 했지.

평택 서탄면 황구지 남양 홍씨 홍 참판 댁洪參判宅 셋째 딸로 태어난 홍계표洪癸杓 이모는 서울에서 여학교를 마친 후, 전주 이씨 효령대군 11대손 신랑감을 얻어 시집을 가게 되었는데, 친정 할아버지와 시댁 할아버지가 서로 친분이 있어 혼사가 성사되었으니, 전형적인 양반 혼인인 거였어.

그 당시 신랑은 5형제 중 넷째로 사대문 안에 거주할 만큼 생활이 안정한 상태였고, 직업은 전등 제조회사 영업 사원이었지.

그러다가 6.25 전쟁을 겪고 나서, 피란을 갔다 와 직업을 잃게 되었고, 황금정에 있는 아주 큰 적산 가옥에 살았는데, 이모부님의 셋째 형이 팔아먹는 바람에 집까지 없어져, 성북동에 사는 큰형님 댁 근처로 이사를 가서 바느질품팔이를 하게 되었다네.

언니의 이런 사정을 잘 알고 있는 어머니가 안암동에 허름한 집터를 장만해 언니가 하숙업을 하게 한 것은 아주 자연스러운 일이야.

이모님은 어찌나 싹싹하신지 고려대학생 하숙을 주로 했는데, 한 번 들어오면 졸업할 때까지 나간 사람이 한 명도 없을 만큼 인기가 있다 보니, 사연 돈이 보이게 되어 몇십 년이 지나니 홍을표 동생이 사 준 집터 값 등을

다 갚게 된 게야

뭐니 뭐니 해도 이모가 하숙업을 하게 되어 덕을 가장 많이 본 것은 홍을표 어머니의 네 남매이지.

맏아들 범현範鉉 오빠와 막내 동생 삼현三鉉이는 무려 열두 살 차이가 나다 보니 이럭저럭 근 이십 년간 어떤 때는 세 명까지 이모님 밥을 먹는 행복을 누리게 된 게야.

외동딸 정현貞鉉 아가씨야말로 이모가 해 주는 밥에, 오빠 남동생들과 함께 지내며 이화여대를 버스 통학할 수 있었으니, 여학생으로서는 최고의 숙박 조건이었다네.

그러자니 자연 인심 후한 어머니는 알게 모르게 뒤로 자기 자식들 밥값을 슬금슬금 주신 거로 짐작이 가.

양반집으로 시집간 깜장 이모는 좋은 일만 있었던 건 아니지.

아 글쎄 시집간 지 몇 년이 지나도록 아이가 안 들어서니 이를 어쩐담, 좋다는 약은 다 먹어 보고 갖은 애를 써 봤지만 속수무책 하다 하다 못해 불공을 드리기로 결심 열심히 기도를 올린 덕에 무려 십 년 만에 귀한 딸을 얻었지 뭐야.

이희용 외동딸 고이고이 길러 육아 교육학을 공부시켜 유치원 선생을 하다가, 김포에 살고 운수업 하는 반남 박씨 박승동 씨에게 시집가 2남 1녀를 낳고 잘살고 있지.

거기다가 불공드려 태어난 딸답게 평생 착실한 불교 신자로 착하고 올곧게 잘 살아가고 있으니 부처님 가피이리라.

물론 효녀라 홍계표洪癸杓 친정어머니를 끝까지 모시

다 돌아가시니 열 아들 부럽지 않다고 다들 입을 모아 칭송했다네.

깜장 이모를 정현 아가씨가 특히 더 좋아하는 또 다른 이유는 서울 와서 큰딸, 둘째 딸, 둘째 아들, 무려 세 명을 날 때마다 여름이고 가을이고 힘든 산후조리를 잘 해 주셨으니, 그 은혜 어찌 말로 다 할 수 있으랴.

그뿐만 아니라 집안에 큰일이 있을 때마다 와 도와주셨으니 마치 친정어머니 같은 이모셨다.

거동이 불편하시다는 소식을 듣고 김포엘 가서 뵈올 때도 정신도 말짱하시고 웃으시며 대해 주셨는데, 그게 마지막이 될 줄이야, 아무것도 해 드린 게 없어 늘 죄송한 마음뿐이라네.

2. 신성교 셋째아버지 이야기

우리 안방의 주인공이신 辛대교 아버지나 홍을표 어머니는 천생연분이라 그러신지 닮은 점이 한두 가지가 아니야.

아버지는 4남 2녀의 아들로서 막내이고, 어머니는 4녀 2남의 딸로서 막내딸인 게지.

성격도 두 분이 비슷해서 어려운 사람을 보면 발 벗고 나서 도와야 직성이 풀리는 분들이라 부창부수라 할까, 죽이 척척 맞으시니 우선 동기간의 어려운 일 해결부터 하신 게야.

아까 어머니의 셋째 언니 홍계표 이모님의 하숙집에

관한 얘기를 먼저 했지만, 실은 그보다 앞서 아버지의 셋째 형님 신성교 셋째아버지를 도운 일이 있었지.

셋째아버지는 사범학교를 나와 오랫동안 선생님을 하셔서 교장직을 여러 해 하시다가 그만두신 교육자이신데, 그 당시 퇴직금도 얼마 안 되고 연금도 없던 시대라, 물려받은 땅이라도 있으면 좋으련만 그마저 없다 보니, 당장 집 장만이 시급한 실정이었어.

그래서 두 분이 의논하고 셋째아버지와 상의해서 얻어낸 결론이 예산읍 오리동에 터가 넓고 안채 사랑채가 있으며 텃밭도 있는 꽤 큰집을 장만하게 된 게지.

그런데 또 다른 문제 하나는 사정이 있어서, 셋째아버지가 마흔 살에 열여덟 살 먹은 색시와 새장가를 가는 일이 벌어져 인천 辛전무님 댁에서 모든 준비를 해 신식 결혼식을 마치고, 이 화평동 집에서 온 동리 사람들을 다 불러 국수 잔치를 떡 벌어지게 한 게야.

새장가를 드시고 나니 원래 생산성이 좋은 집안답게 아들딸을 줄줄이 낳아 3남 3녀라 이제부터는 먹고사는 게 큰 문제로 떠오를 수밖에.

생각 생각 끝에 이끌어 낸 것이, 그 당시 학생들은 교복을 착용하고 교모를 쓰던 시대로 모자에 붙이는 모표, 칼라나 가슴에 다는 배지, 그리고 저고리에 다는 단추까지 학교별로 다르다 보니 이 사업을 하시기로 한 게지.

그래서 가내수공업 수준의 기계를 사서 들였고, 집안에서 모표 배지 단추 생산공장을 시작해 만들어진 제품을 셋째아버지가 이 학교 저 학교로 돌아다니시며, 오랜 교직 생활의 인맥을 활용해 처음에는 꽤 잘되는 사업이었어.

그런지 몇 해 지나자, 모표 배지 단추 사업이 잘된다는 소문이 나, 어떤 사람이 큰 투자를 해 중소기업으로 시작하는 바람에, 가내수공업으로서는 게임이 안 되는 지경에 이르게 된 게야.

그도 그럴 것이 물건의 품질이나 납기 등도 문제도 있겠지만, 그보다 더 큰 문제는 납품 받는 담당은 새파랗게 젊은데 늙은 퇴직한 교장 선생님이 팔려고 찾아오니, 한두 번 인사로 팔아 주는 건 몰라도 계속 이어지기는 어려운 문제라 결국 영업이 잘 안될 수밖에 없었지.

그래서 결국 배지 단추 수공업은 셋째어머니가 근근히 꾸려 나가기로 하고 셋째아버지는 인천으로 오셔서 문간방의 터줏대감이 되신 게야.

셋째아버지가 오시게 되니, 바빠진 건 아버지 어머니라, 궁리궁리 끝에 당시 미국에서 구호물자로 밀이 많이 들어오고, 다른 물건도 들어오는 게 많다 보니 창고가 부족했던 터라, 창고업을 하는 게 좋겠다 싶어, 큰 창고를 장만해, 셋째아버지로 하여금 관리를 하시게 하고 월급을 드리게 된 게지.

알고 보면 창고업도 괜찮은 게, 하루를 맡기나 한 달을 맡기나 한 달 창고료를 다 받는다 하니 일감만 있으면 꽤 남는 장사라 하겠어.

이어서 벌인 사업이 제분 사업, 밀가루 방앗간이었어. 제분기를 몇 대 사서 신나게 밀가루를 빻아 댔으니, 돈도 많이 벌 수 있게 되었지.

거기서 나오는 부산물 밀기울은 누룩을 만들어 파느라, 온 동리 사람들을 동원해 반죽하고 밟고 야단법석을 떨어 누룩을 만들어 파니 재미를 톡톡히 보았다네.

거기다 나중에는 국수 뽑는 기계까지 들여와 국수 공장까지 손을 댔으니 홍을표 어머니의 사업 솜씨는 알아줄 만 하지.

그러나 보니 몇 해가 시나 큰딸 애현이 언니가 예산에서 여고를 나와 인천에 와 아버지가 지프차 태우고 가더니, 교원양성 과정을 수료하게 해 교원 자격증을 받아 예산에 내려가 선생님을 하게 되었어.

또 장남 계현이는 인천에 와 중고등학교를 나와 대학까지 다니게 되었으니 자연 입을 덜게 되어, 셋째아버지 형편도 피게 되어, 인천을 떠나 예산 집으로 돌아가시게 된 게지.

그 후 애현이 언니는 서울농대 나온 신랑을 얻어 시집을 갔는데, 아 글쎄 낭군이 제주 농과대학 교수가 되는 바람에 제주로 이사가 귤 농사도 짓고 2남 3녀를 낳아 잘 기르며 부자가 되었어.

장남 계현이는 공부를 잘해 제물포고등학교를 졸업 후 인하공대를 나와 연합철강주식회사에 들어가 전무이사직까지 올라갔으며, 아들딸 남매를 낳고 행복하게 잘살고 있지.

둘째 딸 미현이는 인천 와 취직을 해 다니다가, 약사 남편을 만나 예산으로 시집을 갔고 2남 2녀를 두고 부자가 되었어.

그 밑에 동생들도 모두 대학을 나와 학교 선생을 하는 등 결혼해 아들딸 낳고 잘살고 있으니 모두 복 받은 가정이야.

이처럼 아버지 어머니 두 분은 서로서로 자기 동기간을 잘 챙겨 자립할 수 있게 도와주는 일을 멋지게 하시는 분들이었어.

역시 이 두 분의 손길이 닿은 곳은 일이 술술 잘 풀리어 행복한 삶을 살고들 있으니, 역시 복을 많이 타고나신 분들이라 할 만하다네.

3. 홍경표 둘째 이모 이야기
홍각표 둘째 외숙 이야기

辛씨네 이야기를 했으니 이번에는 홍씨네 이야기를 좀 해 볼까 해.

홍을표洪乙杓 어머니의 둘째 언니 홍경표洪庚杓 이모님은 충주에 사시는 장수 황씨長水黃氏 양반집으로 시집을 가 딸 셋을 낳았는데, 이모부가 주색잡기에 빠져 집안 형편이 어렵게 된 데다가, 이모부마저 돌아가시니, 생활이 어렵게 된 게야.

그래서 어머니가 용인에 시골집 하나를 장만하고 농사지을 농토를 마련해 주었지만, 몇 해 안 되어 못해 먹겠다고 인천 동생네 동네로 오겠다 하셔서, 방을 하나 얻어 주고 조그마한 담배 가게를 곁들인 구멍가게 하나를 열어 주었지.

그런데 이모님이 사업 수완이 모자란 데다가, 손이 크셔서 콩나물 덤을 달라면 밑질 정도로 푹푹 퍼 주니 이것도 얼마 가지 않아 문을 닫게 된 게야.

그러니 하는 수 없이 우리 집으로 오셔서 부엌일 바느질일 등 살림살이를 도맡아 하시면서, 잠은 멀지 않은 데 장만해 준 셋방에 가 주무시고, 출퇴근을 하시고, 딸 셋도 밥은 여기 와서 먹으며 함께 사는 식구가 된 게지.

얼마 안 있다가 딸만 있어 손이 끊기게 되어 작은 집 조카 황무재를 양자로 들여서, 아들도 이천에 와 대성목재에 넣어 주니 생활이 안정되어 결혼하고 집안을 이루게 된 게야.

딸 셋도 모두 공부 마치고 시집을 가게 되었으니, 둘째 이모네도 어려운 고비를 잘 넘긴 셈이야.

어머니의 친정 문제는 이걸로 끝난 게 아니야, 어머니 밑으로 남동생 하나를 낳았다고, 어머니 복이라 떠들썩했다는 홍각표洪恪杓 외삼촌 아저씨가 몸도 튼튼하시고 허우대도 멀쩡하신 분이셨는데, 일제 강점기 중국으로 농업기술을 배우겠다고 유학을 가서는, 공부는 안 하시고 트럭을 사서 운수업을 해 큰돈을 벌어서, 펑펑 다 쓰고 오신 게야.

한국에서 이때나 저때나 눈 빠지게 기다리시던 착실한 외숙모는 아들 둘 홍성덕 홍성학을 낳았는데, 귀국해서도 운수업을 해 돈을 제법 잘 벌었지만, 집에는 겨우 풀칠할 만큼만 내어 놓고, 바람기가 어찌나 심한지, 벌리는 대로 다 써 버리시는 게야.

그러다 보니 몸도 심하게 상해 일찍 세상을 떠나게 되었고, 홍을표洪乙杓 어머니의 몫이 되고 만 게지.

그리하여 인천으로 데리고 와 집을 얻어 주고, 아이들 학비도 마련해 주는 등 생활을 책임지는 대신, 낮에는 우리 집에 와서 둘째 이모와 함께 살림살이를 맡아 하시게 된 거였어.

아이들도 아침저녁으로 집에 와 밥을 먹고 학교를 다녔고, 다 커서는 성덕이도 지게차 운전을 해 밥벌이를 하게 되었지.

이렇게 해서 또 한 동기가 자립을 하게 되었으니, 어머니의 공덕이야 어찌 말로 표현할 수 있으리오.

4. 신충교 둘째아버지 이야기

신대교辛大敎 아버지가 살아오시는 동안 수많은 사람들의 은혜를 입었고 그간 갚기도 했지만, 특히 신충교辛忠敎 둘째 형님의 은혜는 다 갚지 못해 빚을 지고 사는 심정이신 듯.

일제 강점기 시골 벽촌에서 서울 유학을 온다는 건 매우 어려운 실정인데, 띠동갑으로 소띠 12살 위인 둘째아버지가 선견지명이 있으셔서 공부 재주가 있는 아버지에게 적극적으로 권고했었기에, 그 어려운 선린상업 학교를 다니시 게 된 게야.

아버지가 선린학교를 나와 금융회사에 근무해 보은을 할 수 있을 즈음 둘째아버지가 돌연 돌아가시게 되니 마음이 걸릴 수밖에.

그래서 생각해 낸 게 외아들 명현明鉉이 오빠를 해방이 된 다음 해인, 초등학교 4학년 때부터 인천으로 데리고 와, 송림 학교에서 졸업시킨 다음, 영화중학교에 입학시켜 6.25사변까지 5년간 우리 집에서 함께 생활하게 되었지.

그 후 예산으로 피난을 가서 숯골에서 예산읍까지 왕복 4십 리 길을 하루도 빠짐없이 예산농고를 다녀 졸업시 장학사 표창까지 받을 만큼 열심히 공부해, 단국대 법대를 장학생으로 입학 4년간 등록금은 물론 용돈까지 받아가며 다녔다네.

열댓 살 위인 신정자辛靜子(元鉉) 언니는 힘든 일을 마다않고 하다가, 백화점에 취직해서 멋쟁이로 꾸미고 거리를 활보하니 인기를 끌었다지.

그러다가 양평이 고향인 청주 한씨 한영석韓英錫 씨가 홀로 서울에 와서 생활을 하게 되었는데, 그의 홀어머니 말씀이 집에 있으면 명이 짧아 죽는다고, 인연을 끊고 혼자 나가 살라고 했다는 게야.

그러니 생활이 말이 아닌데 미술에 소질이 있어, 고생 고생 끝에 극장 영화간판을 그리게 되었고, 이때 정자 언니를 만나게 되어, 결혼까지 하게 되었으니 생활이 안정된 게지.

이를 보아온 아버지께서 간판쟁이를 그만두고 대성목재에서 생산되는 합판을 판매하는 게 어떻겠느냐고 제안해서, 가게를 얻는데 도움을 주셔서 을지로에 대아합판 가게를 크게 열 수 있었던 게야.

한때 사업이 번창해 돈도 많이 벌었고, 단국대를 나온 명현이 오빠를 채용하고, 셋째 할아버지 종손이고 대성목재에 다니던 신영호辛永昊도 함께 일을 하게 되었어.

그런데 호사다마라 할까, 너무 자신감이 넘쳐서일까, 고향에 산 몇백 정보를 사서 잣나무를 심어, 한때 이걸로 이름을 날리게 되어 농림부 장관상까지 받게 되었지.

합판 사업이 호황일 때는 몰랐지만 임야에 과잉투자를 한 게 화근이 되어, 자금이 딸리게 되어 부도 사태를 맞게 된 거야.

부도 사태를 맞기 전에 처남 명현이 오빠는 독립해 따로 합판 가게를 열어 직접 피해를 면했고, 영호는 나와 택시운전을 하는 등 어수선한 일이 한참 계속되었지.

정현이 아가씨도 결혼해 어머니에게 부탁 이른 번호의 계를 탄 후 대아합판에 고금리 사채놀이를 해 재미를 톡톡히 보다가, 부도를 맞아 낙심천만이다가, 원현 언니가 정현이 원금은 꼭 갚겠다 해, 몇 년에 걸쳐 깨끗하게 상환하게 되었으니 대단하다 했어.

한영석韓英錫 신원현辛元鉉 언니 형부는 1남 2녀를 두었는데, 모두 공부를 잘해 아들은 서울농대 농업경영학과를 나왔고, 딸은 서울 미대를 나온 미술가로 이름을 떨치기도 했지.

이렇게 해서 홍계표 이모 하숙업을 하신 이야기를 비롯해서 신성교 셋째아버지 이야기, 그리고 홍경표 둘째 이모 및 둘째 외숙모 이야기에다가, 네 번째로 신충교 둘째아버지 이야기까지로 헤드쿼터 안방의 기획담을 마치려 한다네.

부엌, 곡간 헛간 뒷간의 추억담

1. 부엌의 추억담

나란히 걸려 있는 커다란 무쇠솥 셋이 근 30년간의 환상적인 추억담을 늘어놓는다.

가장 먼저 중간에 있는 밥솥이 입을 여는데, 뭐니 뭐니 해도 내가 제일이지, 살아가는 데 밥보다 더 중요한 게 없으니 말이야. 한때 수십 명의 밥을 삶아 댈 때에는 말도 말아 내가 녹아버리는 줄 알았다니까.

생각을 좀 해 봐 그것도 큰일 때 가끔이면 몰라, 하루 아침저녁 매일같이 훨훨 타오르는 불길을 참아내느라 죽는 줄 알았다니까.

둘러보면 나보다 더 작은 친구들도 쉬엄쉬엄 일을 하고 있는데, 나는 일복을 얼마나 많이 타고났으면 이럴까 푸념도 안 한 게 아니야.

그렇지만 이제 와 돌이켜 보면 그때가 나의 전성기였음을 알게 돼. 우리 친구들을 보면 벌써 버림받아 고물상으로 팔려 갔으니, 아마도 지금쯤은 무쇠 덩어리로 있거나, 호미나 도끼로 환생해 새 삶을 살고 있을지 모르지만, 호미로 태어났다면 맨날 흙구덩이에 묻혀 흙냄새에 절어 있을 테고, 도끼로 태어났다면 살아 있는 나무를 베는 살생의 악업을 서시르고 있을 테니 지옥행이 눈에 보이지.

그런데 나는 아직도 하루도 빠짐없이 밥을 실컷 먹고 밥 냄새에 절어 살아가니 호강도 이런 호강 아무나 하는 게 아니야.

거기다가 내가 한 밥을 짐승도 아닌 만물의 영장인 사람들이 먹고 건강하게 일을 한다는 게 보통 일이 아니지.

그러니 우리 주인어른 辛전무님 아버지나 홍을표 어머니 덕이 얼마나 큰지 잘 알면서도 복에 겨워 투정을 한 번 부려 본 것뿐이야.

아무튼 나도 나이지만 부엌 주방장이신 홍경표洪庚杓 둘째 이모님이나 부주방장이신 둘째 외숙모님의 노고야 아주아주 컸지.

삼복더위에 훨훨 타는 장작불을 땔 땐 땀에 흠뻑 젖어 물에 빠진 생쥐 꼴이 된 적이 한두 번이 아니고, 그 많은 밥을 퍼서 나르려면 젖먹던 힘까지 뺄 정도였으니까.

이러나저러나 요즘은 경기가 예전만 못해 식구가 많이 줄었고, 辛전무님도 예전 같지 않으셔, 머지않아 우리의 신세도 마지막 코스를 밟게 되는 게 아닌가 밤잠을 설친다네.

이 세상에 영원한 게 없다 보니 그거야 운명에 맡길 수 밖에. 요즘 시간이 많아 그런지 뚱딴지같은 생각이 자꾸 떠올라.

나와 같은 미들급 무쇠 밥솥이 나만큼 일을 많이 한 녀석이 있으면 나와 보라 해, 겨루어 보아 내가 일등을 하면 나도 한번 기네스북에 올려 보려구.

내가 만일 기네스북에 올라가는 영광을 얻는다면, 그게 어찌 나만의 영광이겠어, 당연히 아버지 辛전무님과 어머니 홍을표 님의 공덕이 될 터이니까 내가 그러는 거지.

말하자면 그간 내가 해 낸 밥알을 일렬로 늘어놓는다면 그 길이가 아마 지구를 몇 바퀴나 돌았을까 나는 계산기도 돌릴 줄 모르니 누가 계산을 한 번 해 주었으면 고물상에 가는 일이 있더라도 가는 발걸음이 가벼울 것 같아서 그래.

옆에서 듣고 있던 친구가 나서며 하는 말, 듣자 듣자 하니 자기 혼자 잘난 척하네, 자네야 허구한 날 쌀밥 아니면 보리밥만 했으니 밥이야 너무 질거나 너무 되지만 않으면 되는 것이니, 나에 비하면 놀고먹은 거나 다름없지.

나야말로 아침저녁으로 메뉴가 바뀌다 보니, 어느 날은 콩나물에 파김치 쏭쏭 썰어 넣은 고추장찌개를 맛있게 끓여 내야 되고, 어느 날은 조기 대가리를 쌀뜨물 넣고 잘 끓여 내야, 먹는 이들의 칭찬을 받을 수 있으니, 자네보다는 내 노력이 그날그날 평가받는 어려운 일이라는 게지.

그러나저러나 기네스북 얘기가 나왔으니 나도 그냥 넘어갈 순 없지, 이 댁이 돈이 풍부하지 못하다 보니, 제일 많이 끓이는 게 콩나물국 아니면 콩나물 찌개라.

아마도 길이로 따진다면야, 자네보다는 내가 삶아 낸 콩나물 길이가 훨씬 길 테니까, 한 번 자네와 내가 먼저 겨루어 봄이 어떨지, 아마도 그간 내가 삶아 낸 콩나물 길이를 총 합치면 지구를 몇 바퀴 돌고도 남았을 거야.

아무튼 고기라고는 한 달에 한 번쯤 소고기 무국을 끓여 먹거나, 조기구이를 먹는 거, 그리고 인천 바닥에 널려 있는 바지락을 찌개에 넣는 거 말고는,

콩나물로 때우는 실정이었으니, 참 알뜰하게 살면서 남을 돕고 있다는 데 놀라움을 금치 못해.

가만히 듣고만 있던 큰형 격인 헤비급 부쇠솥이 한마디 하며 앞으로 나서는데, 그래그래 너희들이 그동안 힘

들게 애써 온 것도 맞는 말이고, 너희들이 기네스북감이란 것도 맞는 말이지만, 형님인 내가 뒤에서 응원해 준 덕이란 걸 잊으면 안 되지.

말이야 바로 말이지 허구한 날 세숫물 대랴, 설거지물 대랴, 밥물이며 국물이며 만일 내가 없었다면 어찌했을 거냐 말이야.

그뿐인지 알아. 그 많은 식구 옷 빨아 대느라고 내가 한 고생 말도 말아.

너희들은 먹는 일을 담당했고, 먹지 않으면 살 수 없으니까 매우 중요한 건 사실이지만, 사람의 입장에서 보면 의식주라 옷이 먼저고 다음이 먹는 것 그리고 맨 나중이 집인 게야.

짐승이라면 몰라도 사람들은 옷을 매우 중요시하고

있다는 걸 안다면 함부로 내 앞에서 잘난 체를 하지 말아야지.

그건 그렇고 너희들이 기네스북에 오를 수만 있다면, 이 집 두 분의 큰 경사이고 나도 바라는 바이니, 조사를 나온다면 내가 적극적으로 나서 증언해 줄게.

내가 살아오면서 가장 보람있게 생각되는 일은 어느 겨울날 깊은 밤에 부뚜막에 있던 종이 부스러기에 불이 붙어 다락 쪽으로 옮겨 붙을 찰나,

사랑방에서 자고 있다가 오줌 누러 밖으로 나온 이 집 둘째 아들 영현이가 보고 불이야 하는 바람에 식구들이 놀라 밖으로 뛰쳐 나왔고, 내가 안고 있던 물을 퍼서 불을 끈 사건이야.

만일 그때 내가 빈 가마솥이었다면 아마도 온 집이 불바다가 되었을지도 모른다고 생각하면 아찔해.

그나저나 우리의 전성기는 저물어 가고 있으니, 언젠가는 너희들이나 나나 고물상에 넘어가 펄펄 끓는 용광로에 들어가 한 몸이 될지 모를 신세이지만,

우리의 이런 환상적인 추억담이 그냥 묻혀질 뻔한 걸 외동딸 정현 아가씨 덕분에 빛을 보게 되었다는 것만으로도 한없이 고맙고, 이제 어떤 일이 닥쳐온다 해도 후회 없이 당당히 헤쳐 나갈 수 있을 것 같아.

2. 곳간 헛간 뒷간의 추억담

곳간이 으쓱하는 기분으로 썩 나서며 하는 말, 무슨 간 무슨 간 하지만 곳간이 최고지.

쌀 보리 콩 등 갖은 잡곡이며, 조기 명태 멸치 새우 등 갖은 건어물이며, 밤 대추 사과 배 감 등 갖은 과일이며, 갖가지 생활용품을 보관했다가 필요할 때 내어 주는 내 역할은 자네들과는 비교가 안 되지.

선반을 매서 질서 정연하게 정리하지 않으면, 재고가 바닥난 줄도 모르고 있다가, 허둥지둥 급한 걸음을 할 때도 많다네.

무엇보다도 이 집의 사람들이 한창 몰려올 때는 말도

말아, 쌀이 들어오자마자 출고라 바구니나 쌀벌레는 구경도 못했지.

그러니까 문내 나는 쌀이란 우리 곳간엔 아예 존재할 수가 없는 항상 싱싱한 냄새만 나는 쌀이 있었을 따름이야.

참 그 시절이 그리워, 그때는 날이면 날마다 입고되는 쌀 받으랴 수시로 출고되는 쌀 내어 주랴, 하도 정신없이 바빠 이따금씩 다른 친구들은 슬슬 지내는데 나만 이리도 바쁘게 일해야 하는가 라고 불평불만을 했던 것도 사실이지만,

요즘처럼 쌀에는 바구니 쌀벌레가 우글우글, 문내는 어찌나 심한지 코를 막아야 할 지경이다 보니, 그때 그 시절로 돌아가고 싶다네.

그러자 장독대 밑에 있는 김치광이 한마디 하고 나선

다. 우리 주인님이 한참 잘 나갈 때는 명절이면 갈비가 몇 짝씩 들어오고 사람 키만 한 민어 몇 마리씩 들어와 천장에 매달아 놓았지.

처음 몇 해 동안에는 소고기 몇 근 돼지고기 몇 근 민어도 작은 것들이 몇 마리 들어올 때에는 신세 진 사람들이 정으로 보내는구나 하는 생각에 흐뭇했는데, 점차 크기가 커지고 개수가 늘어나 광이 꽉 차니까, 슬슬 불안해지는 거야.

아마도 우리 주인님이 점차 힘이 세져, 정이 아닌 뇌물이 들어오는구나. 하는 생각이 들어서 말이야.

하기야 요즘 세상에 뇌물을 하려면 돈으로 하지, 그까짓 갈비짝으로 할까만 인사치레라 해도 권력이 세진 건 짐작할 수 있는 일이므로, 권세는 10년 가기 어렵다는 뜻의 권불십년權不十年이란 말이 연상될 수밖에.

아니나 다를까 몇 해를 지났는지 정확히는 기억할 수 없지만 어느 해부터는 추석이나 설 명절에도 고기 한 근도 안 들어오는 거야.

알고 보니 辛전무님은 부사장님으로 영전하신 다음 일 년이 지나 그만두셨다네.

거기다가 드나드는 사람까지 발길을 끊으니 검은 머리 짐승 거둘 게 못 된다는 속담이 딱 맞아떨어지는 거야.

하기야 두 분의 나누는 삶이란 무얼 바라고 하신 게 아니니만큼, 내가 공연히 늘어놓는 푸념일 따름이야.

그러자 이번에는 헛간이 나선다, 곳간이 큰일을 한 거야 잘 알지만, 그렇다고 생쌀을 먹고 생콩나물을 먹으며, 추운 겨울에 냉방에서 잘 수는 없는 거 아니야.

요즘이야 도시가스다 뭐다 해서 나무를 때지 않지만,

우리 집이 한참 잘 나갈 때는 얼마나 많은 나무를 때어 댔는지 알아?

말도 말아 땔나무를 한 차 잔뜩 들어와도 며칠 지나면, 헐렁헐렁해지니 또 실어 오고 또 실어 오고, 거기다 나무만 보관하는 게 아니고, 톱밥이며 삼태기며 괭이며 삽이며 빗자루까지 안고 살려니 힘들었지 뭐야.

내가 가장 조심한 건 화재야. 그때만 해도 우리 식구 중에서도, 담배 피우는 사람이 어찌나 많은지, 자칫 잘못해 불이라도 우리 헛간에 붙는다면 삽시간에 불바다가 될 판이니, 나야말로 하루도 빠짐없이 불침번을 서며 살아왔다네.

그랬더니 그간 단 한 번의 화재도 없이 우리 집이 안전하게 지내 올 수 있었고, 이거야말로 나의 공이 아닐 수 없지.

그러자 곳간이고 뒷간이고 이구동성으로 그래그래 네 말이 맞아 맞아, 그런 사고가 났다면 우리 모두가 없어지고 말았을 테니까 말이야.

이렇게 해서 헛간의 공로가 인정을 받게 되자, 또 한마디 한다.

아 글쎄 말이야 뒷간이 일 처리를 어찌했기에, 수시로 우리 헛간에 뛰어와 엉덩이를 내리고 큰걸 보게 하는 거야.

톱밥으로 싸서 뒷간에다 갖다 버리니 망정이지, 비위 약한 나로서는 참기 어려운 일일세.

그러자 이번에는 뒷간이 나서며 하는 말, 자네들 공 큰 건 인정 인정하네만, 배고픈 거 목마른 건 몇 시간씩 참을 순 있지만 똥 마려운 건 몇 분도 참기 어렵다네,

그러니 오죽하면 염치불구하고 자네네 헛간까지 달려갔겠나, 말도 말게 어느 때는 두세 명이 문밖에서 발을 동동 구르며 빨리 빨리를 외치지 않나, 어떤 때는 내 방으로 불쑥 들어와 큰일을 보고 있는 친구를 일으키려 하지 않나,

난리도 아니야 그러다가 종종 바지에 지리고, 지르잡아 빠는 걸 볼 때에는 공연히 내가 미안해지고, 왜 뒷간을 더 늘리지 않는지 건의를 하고 싶을 때가 한두 번이 아니었어.

그러나 이런 일이 일어나고 나면 얼마 동안은 잠잠해지는 거야. 사람들은 지혜로워 각자 살아갈 방도를 구하는 거지, 어떤 이는 사람들이 이용하지 않을 한밤중을 활용한다든지, 아침밥을 먹고 부리나케 직장이나 학교에 가서 볼일을 본다든지 하는 식으로 말이야,

문제는 사람들이 들락날락하다 보니 자리가 잡히기 전

이 문제인 거야.

어찌 되었든 간에 그런 시기는 멀리 사라진 지 오래이고, 지금은 하루 종일 구더기와 생쥐하고만 하루를 지낸다네.

젊은 친구들이 드나들 때는 나도 활력이 솟아났는데, 어쩌다가 이 지경까지 왔는지 세상 무상만 느낄 따름이라네.

중앙무대 대청마루의 웅변

우리나라가 일제식민지로부터 해방을 맞은 지 3년째 되던 1948년 가을 우리 화평동 집은 큰 변화를 맞게 되었지.

예전에 사시던 분이 집을 팔고 이사 가고, 송현동에 사시던 새로운 주인이 들어온다기에 누군가 했더니, 아 글쎄 저 유명한 대성목재 辛전무님이라는 게야,

그래서 잔뜩 긴장을 하고 지켜봤는데 들어오는 이삿짐

이 너무 평범해서 이분들이 잘못 온 게 아닌가 할 정도로, 골동품이 될 만한 건 눈을 씻고 찾아봐도 보이지 않고, 하다못해 장롱 하나 그릇 하나 무엇 하나 값이 나갈 만한 건 눈에 띄지 않는 걸로 보아 아주 소탈한 분들이라고 판단했지.

그런데 달라진 건 우리 집은 ㄷ자로 지은 남향 대문 집이라서 대문을 열면 빛이 환하게 들어오고 가슴이 뻥 뚫린 기분인데, 먼저 주인은 늘 대문을 꼭 닫아걸고 살아 아주 답답해 죽을 지경이었지.

그런데 새로 이사 온 辛전무님 댁은 어찌나 활동이 많고 아이들도 씩씩한지 대문이 늘 열려 있을 정도라 아주 속이 후련할 정도여라 살맛 나는 나날을 보내게 되었어.

그런데 나중에 알고 보니 이 댁은 넷이라는 숫자가 유난히 많은 게 특징이야. 우선 신 선무님이 넷째 아들이시고 이 댁 안 주인이신 홍을표 어머니도 넷째 딸이신 데다가, 이 댁에 제일 어른이신 신성환辛星煥 할아버지도 넷째 할아버지이시고, 이 댁 두 분의 자녀도 넷이다 보니 아마도 넷이라는 숫자와 인연이 깊다는 생각이 들 수밖에,

하기야 계절도 춘하추동 넷이고, 방향도 동서남북 넷인 데다가, 팔다리 또한 넷이다 보니, 우주의 근본이 넷이라는 숫자와 관계가 깊다는 생각이야.

아무튼 그건 그렇다 치고 우리 집의 중심은 누가 뭐래도 대청마루 바로 나인 게야.

안방이고 건넛방이고 부엌이고 사랑방이고 문간방이고 곡간이고 뒷간이고 마당이고 한눈에 들어오니 모든 정보는 내 손안에 들어오게 돼 있다는 게지.

그러니까 이때까지 건넛방을 시작으로 사랑방, 안방, 부엌, 곡간 헛간 뒷간들이 각각 자기 나름대로 자기가 한

일을 증언하는 걸 들어 본 결과 다 맞는 진실된 팩트만을 얘기하는 훌륭한 증언이었다는 걸 내가 보증하는 바이며, 어찌나 기억력이 좋은지 인간으로 태어났다면 아마도 SKY대학엔 충분히 들어가고도 남았을 거라는 생각이 들어.

이제부터는 내가 한 일을 말하려고 하니 잘 들어 보게나.

내가 맡은 일 중에 가장 중요한 건 다름 아닌 이 집에 거처하는 젊은이들의 아침저녁 식사자리를 제공하는 거야.

밥때가 되면 한쪽에 접어 놓았던 큰 네모난 교자상 두 개를 펼쳐 놓고 십여 명의 대식구가 둘러앉아 밥을 먹을 때면 어찌나 무거운지 마루가 내려앉을 것만 같은 중량감에 신장도 하지만, 젊은이들이 누가 뺏어 먹을까 봐 게

걸스럽게 먹는 걸 보고 있노라면 그렇게 뿌듯할 수가 없었지.

한참 청년들이라 고봉으로 눌러 담은 일꾼 밥을 어찌나 맛있게 게 눈 감추듯 하는지 바라보는 내가 배가 불러오는 느낌이라네.

반찬이라야 김치찌개나 멀건 조기 대가리 찌개에 김치 깍두기를 비롯한 밑반찬 몇 개지만 참 잘도 먹는다는 생각이 들었어.

밥은 얼마든지 배불리 먹게 해 준 덕분에 배가 터지도록 먹고서도 대청마루에서 내려와 사랑방으로 갈 때면 벌써 배가 고파진다고들 할 정도로 돌도 삼키면 소화시킬 만큼 소화력이 대단한 청년들이라 밥해 대기도 이만저만 큰일이 아니었지.

밥때 말고는 우리 대청마루는 주로 이모님이나 외숙모님의 일터로 바느질을 한다든지, 다듬이질을 한다든지,

반찬거리를 다듬는다든지, 수를 놓는다든지 주부들의 몫이었지.

그런데 특기할 만한 일은 이사 올 때 이 집 셋째 아들 삼현이가 돌쟁이라, 이리저리 방방 뛰어다니는 꼬마 아이의 운동장 역할을 단단히 하던 중에, 나중에 들이닥친 고모네 식구 중 막내아들 여운범에다가 막내딸 여운숙이까지 합세하니 정말 사람 사는 집같이 웃음꽃이 피고 배꼽 잡는 일도 많았다네.

그러나 그것도 한때 한참 동안 아이 구경도 못하는 쓸쓸한 세월이 흘렀고, 결혼해 돌잔치를 한다든지 주말에 잠깐 다니러 올 때 말고는 아이 없는 세상이었다네.

그러던 중 이 집 외동딸 정현 아가씨가 시집가 첫아들에, 첫딸을 낳고 연년생으로 둘째 딸을 낳는 바람에 아이 둘을 키울 수 없어서 큰딸 한혜선이를 외할머니가 일 년간 맡아 기르게 되는 바람에 오랜만에 귀여운 아이의 운동장 역할을 마음껏 즐길 수 있었지.

그나저나 우리 대청마루의 가장 자랑스러운 얘깃거리는 다름 아닌 이 집 큰아들 신범현 오빠가 장가를 들어 이광자 며느리한테 요란뻑적지근하게 큰상을 차려 준 행사야.

오빠는 관복을 입고 사모관대 쓰고 올케언니는 원삼 입고 족두리 쓰고 나란히 앉아 한 자가 넘는 상을 받으며 일가친척들의 축하를 받는 광경은 요즘엔 보기 힘들은 일이지.

요즘은 큰상을 차린다 해도 모조품을 빌려다 사진 찍기 정도로 하는 게 일반적이지만, 그때만 해도 과방을 차리고 기술자가 일일이 하나하나 손으로 고임을 했으니 대단한 일이었어.

사실 지금이야 말이지만 이 집 건넛방 주인공 신정현 외동딸 입장에서 보면, 올케언니가 두 살이나 어린 나이에 시집와 저렇게 큰상까지 받는데 아직 신랑감도 없었으니, 속은 편한 것만은 아니었을 게야.

몇 해 지나 이 집 고명딸도 신랑감이 생겨 신혼 예식장에서 결혼식을 올리고, 바로 이 대청마루에 와서 언니 때와 똑같은 한 자 되는 큰상을 받는 행사를 치르게 되었으니, 우리 대청마루로서는 아주 흐뭇한 일이 아닐 수 없었지. 거기다 행사를 마치고 신혼여행을 간 곳도 오빠 언니도 가지 않은 제주도로 가게 되었다 해서 모두들 부러워할 수밖에.

결국 큰상 받는 행사도 이게 마지막이었고 얼마 가지 않아 辛전무님이 부사장으로 승진한 다음 일 년 만에 그만두시니 우리 대청마루의 전성기도 기울어지는 걸 피부로 느끼게 되있다네.

결국 몇 해 지나자 辛전무님이 집을 정리하시니 우리 화평동 집은 언제 헐릴지 모르는 암담한 나날을 보내는 신세가 되고 말았지.

터줏대감의 한 말씀

세상이 많이 변해 터줏대감을 아는 사람이 많지 않을 것 같아 우선 내 소개부터 해야겠군.

나로 말씀드리자면 쉽게 말해 땅을 주관하는 신神으로서 안전과 길흉화복을 관장하는 중차대한 직책을 맡았다네.

예를 들자면 흥선대원군이 당신 아버지 남연군 묘를 예산군 덕산면에 있는 가야사 터가 명당이라 여기에 조상 묘를 쓰면, 자손 중에 황제가 두 명이 나올 거라는 지관 말을 믿고, 절 주지를 매수해 절을 불태우게 한 다음, 그 자리에 자기 아버지 묘를 이장시켜 고종황제 순종황제 두 명을 배출했다는 일화가 있듯이 말이야.

가옥신家屋神이야 나 말고도, 가신의 맨 윗자리를 차지하고 대청마루에 거처하며, 가문의 복덕을 주관하는 성주신 일명 성주왕신成造王神이 존재하며, 주방에는 화신, 재물신으로서 가족들의 질병과 액운을 막아주는 역할을 하는 조왕신竈王神 일명 조왕할매가 거처하고, 주부가 거처하는 방에는 아기를 점지시켜 주는 삼신三神 일명 삼신할매가 존재하는 등 많은 신神들이 있지만 뭐니 뭐니 해도 터줏대감이 제일이지.

말하자면 화평동 218번지 辛전무 댁이 명당 집터로 이름을 날리게 된 일등공신은 두말할 필요도 없이 바로 나란 말이야.

하기야 어찌 나 혼자의 힘만으로 명당이 되었으리, 가옥신 모두가 합심해서 피나는 노력을 기울였고, 무엇보다도 辛전무님과 洪을표 어머니께서 열심히 살아오셨기에 가능한 일이라는 걸 잘 알지.

특히 洪을표 어머니는 이 집에 이사 오신 첫해부터 시작해 33년간 사시는 동안 한 번도 거르지 않고, 매년 10월 상달에는 푸짐하게 붉은팥 시루떡을 해서 우리 가옥신에게 고사를 정성껏 지내 주시니, 우리들도 역시 보답해야 되겠다는 생각이 절로 나서 더 열심히 노력한 게 사실이야.

말하자면 洪을표 어머니와 우리들의 궁합이 잘 맞아떨어진 결과 이 집이 인천에서 둘째가라면 서러워할 정도의 명당 터, 명당 집으로 태어나게 될 수 있었다는 얘기지.

또한 고사떡은 이웃집마다 빠짐없이 다 돌리고, 오는

사람마다 푸짐하게 대접하니 우리 가옥신들도 어깨가 으쓱으쓱해져서 마치 골목대장이 된 듯한 기분으로 뻐기며 잘 살았다네.

명당자리냐 아니냐는 믿고 안 믿고 자유지만, 분명한 건 매우 과학적이라는 건 알아 두길 바래.

말하자면 산사태가 날 자리에 집을 짓고 산사태 안 나길 바란다든지, 장마에 물이 범람할 장소에 집을 짓고 물난리 안 나길 기대한다든지, 산불이 나면 타 버리기 쉬운 곳에 집을 짓고 산불 안 나길 바란다든지, 큰 지진이 날 곳에 집을 짓고 무너지지 않길 바란다면, 이보다 더 미련한 짓이 어디 있겠는가 말이야.

그런 의미에서 터줏대감의 의견을 잘 들어 집터를 마련하는 지혜를 발휘하는 게 현명하다는 게지.

그런 뜻에서 화평동 집터는 이런 산사태나, 물난리나,

산불 피해나, 지진 피해가 나지 않을 자리라는 의미에서도 명당임에 틀림없다네.

여기에 더해서 辛전무님과 洪을표 어머니가 사시던 지난 33년 동안에는 여기를 이용한 사람들이 많고 많았지만 누구 하나 사고를 당한 일도 없고 모두 건강히 지내다 나갔으며, 나간 후에도 다 잘 되었고, 그 긴 기간 동안 집안이 아무 탈 없이 평안했고, 하는 일마다 순조로웠으며, 재물도 쓸 만큼 생겨, 하고 싶은 일을 다 할 수 있었고, 자식들도 다 공부 잘하고, 좋은 직장에 좋은 배필 만나 행복하게 잘 살아가고 있으니 여기에 더 무엇을 바라리오.

그러니 내가 명당자리를 만들어 낸 일등 공신이라고 큰소릴친들 누가 나를 인정하지 않을 수 있겠는가.

그건 그렇고 이제부터는 이 집 주인이신 辛전무님과 洪을표 어머니를 봐 오면서 놀란 일 몇 가지를 말하고자

하는 바이네.

첫 번째로 놀란 일은, 이삿짐을 보고 놀랐다네. 전에도 잠시 말한 바 있었지만, 세상에 전무님 댁 이삿짐이라고는 상상할 정도가 아니었는데, 아 글쎄 이 집에서 33년간 사시면서 그 큰 회사 대성목재 전무님을 15년을 역임한 후, 집을 팔고 큰아들 집으로 이사 갈 때도 역시 이삿짐이 어찌나 초라한지, 값나갈 만한 하다못해 롤렉스 시계 하나, 명품 백 하나, 그 흔한 니콘 카메라 하나, 벽에 걸어 놓을 골동품 그림이나 붓글씨 하나, 청자나 백자 항아리 하나, 아무리 눈을 씻고 찾아도 찾아도 안 보이니 참으로 이분들이 얼마나 사치를 모르고 검소하게 사셨는가를 알 수 있었지.

오죽하면 화평동 집을 정리할 때 수유리 사는 딸 정현이가 어머니 손때 묻은 것 버리기 아깝다 하여 챙겨간 것이, 놀설구와 설굿공이 다듬잇돌과 다듬잇방망이뿐이었으니 알 만하지 않은가.

두 번째로 놀란 일은, 6.25사변이 나고 1.4 후퇴에서 돌아온 해 가을 무렵 갑자기 辛전무님보다 세 살 많은 누나네 무려 열 식구가 들이닥친 게야.

아무리 어려서 셋째아버지와는 여덟 살 차이로 가깝게 지내지 못했고, 바로 손위 누나와는 세 살 터울이라 손꼽 친구처럼 가까웠기로서니 당신네 여섯 식구보다 많은 열 식구를 받아들이다니.

그것도 집이나 커서 빈방이라도 있다든지 하는 것도 아니고, 딸이 귀한 집이라 귀여움을 독차지해서 당신과 겸상을 해 먹는 고명딸이 쓰고 있는 건넛방을 빼서 누나네 열 식구를 받는 걸 보면서 어찌 놀라지 않을 수 있으리오.

어지간하면 이웃집 방 하나 세를 얻어 살게 하고, 식사는 와서 하게 해도 될 일인데 아마도 그때는 그만한 여유도 없는 처지가 아니었나 하는 생각이 들기도 해.

아무튼 이를 계기로 우리 집은 사람이 점점 늘어나 마치 합숙소처럼 변해 가고 있었으니, 다른 사람들은 상상도 하기 어려운 일을 이 두 분이 하셨다는 점이야.

세 번째로 놀란 건, 취직을 시켜 주는 것만으로도 대단한 일인데, 시골 사람 취직시켜 주고 한 달간 밥 거저 먹여 주고 잠재워 주자니 사랑방은 합숙소가 되어 버릴 수밖에.

상식적으로는 도저히 이해할 수 없는 일이 우리 집에서는 한때도 아니고 일 년 내내 벌어지고 있다는 점이야.

밥을 거저 먹여 주는 비용도 비용이려니와 한참 공부하는 자식들한테 공부방을 따로 마련해 줘야 할 판에 함께 합숙을 시키다니, 누군들 이 이야기를 듣고 귀를 의심하지 않을 수 있겠는가.

아무튼 아이들 위주로 공부 위주로 공부방을 마련해

학습 분위기를 마련하는 방향으로 살았다면 성적이 올라, 한 단계 높은 더 좋은 결과를 얻었으리라 믿어 의심치 않아.

네 번째로 놀란 건, 두 분의 동기간이 많기도 하지만 한결같이 도움을 받을 처지가 되었다 해도, 그냥 내버려 두어도 될 터이지만 좀 더 나은 생활을 하도록 도와주었다고나 할까.

辛전무님 둘째 형님의 조카를 비롯해 셋째 신성교 형님의 생활을 샅샅이 보살피어 이일 저일을 하시는 걸 보면서 참으로 내 일처럼 동기간을 챙기는 데 놀라움을 금할 수 없었지.

또한 洪을표 어머니의 동기간 역시 셋째 홍계표 이모에게는 하숙집을 마련해 주고, 둘째 홍경표 이모는 이웃에 살게 하면서 집안일을 하게 한다든지, 둘째 홍각표 외삼촌네 식구 또한 건사하는 등 동기간의 일을 내 일같이 생각해 살 수 있게 한다는 건 참 대단한 일이 아닐 수 없어.

다섯 번째로 놀란 건, 辛전무님은 일 년 365일 하루도 빠짐없이 대성목재 공장에 아침 일찍 출근해 밤중에나 돌아오시는 힘든 나날을 견디어 내신 일 중독이신 데다가, 그만큼 건강하셨다는 점이야.

그러니 사원이 6,000명이나 되는 큰 공장의 전무공장장으로 별 탈 없이 십수 년간 업무 수행을 잘하셨고, 지역 사회 일도 눈부시게 하실 수 있었단 말이지.

또한 놀라운 일은 남편이 이 정도면 슬슬 편하게 지내실 만도 한 洪을표 어머니는 하루도 빠짐없이 집안일은 언니나 친정 올케에 맡기시고 밖으로 나가, 남자 못지않은 돈벌이를 하셨다는 점이야.

계를 두어 개 하여 자금 마련도 하고, 돈을 부풀리는

일은 늘 하시는 일이고, 창고업을 한다든지, 도매업을 한다든지, 제분업을 한다든지, 국수 공장을 한다든지, 운송업을 하는 등 쉴 새 이 사업 저 사업을 하셔서 돈을 벌어 저축이라고는 하지 않고, 버는 대로 다 이웃을 위해 쓰신 분이라는 게 놀라운 일일 수밖에.

홍을표 어머니의 생활철학은 번 돈의 1/4만 자기가 쓰고, 3/4은 남을 위해 쓴다는 것이었으니, 얼마나 욕심이 없으셨으면 그리 하셨을까 상식적으로는 이해하기 어려워.

이렇게 바삐 사시는 가운데에서도 불교를 착실하게 믿으시어 인천에서 제일 큰 사찰인 용화사 신도회장까지 역임하셨으니 대단한 일이 아닐 수 없지.

여섯 번째로 놀란 건, 보통 사람이면 열심히 벌어 아껴 쓰고 남는 돈을 차곡차곡 저축을 한다든지, 아니면 장래를 위해 땅에 묻어 두기 위해 좋은 땅을 골라 투자를 한다든지, 했을 텐데 나중에 알고 보니 이 두 분은 적금통장이나 저축통장 하나 없이 사셨다는 점이야.

아마도 보통 사람처럼 저축하고 투자하고 살았으면 아마도 빌딩 몇 채는 가지고 사시다 돌아가셨으리오.

여든에 돌아가신 洪을표 어머니는 무일푼이오, 아흔여섯에 돌아가신 辛대교 아버지는 시골집 한 채라, 두 분의 삶을 이보다 더 어떻게 잘 표현할 수 있으리오.

일곱 번째 놀란 일은, 6.25사변에 미처 피난을 못해 인공 시절을 보내셨고, 인천 상륙작전으로 국군이 들어오는 과정을 겪으셨으니, 큰 회사의 경영자로서 원한을 샀을 경우 이쪽저쪽에서 행패를 당하는 게 보통의 일인데 어찌나 잘 사셨기에 이리도 무사하실까, 정말 놀라움을 금치 못했다네.

더구나 1.4 후퇴 때 근 일 년이 가깝도록 집을 비워 두는 일이 벌어졌을 때 우리 가옥신들은 나 터줏대감을 중심으로 똘똘 뭉쳐 불침번을 섰다지만, 개미 새끼 한 마리도 침범하지 않았다는 건 기적 같은 이야기인데, 어찌 이것이 두 분의 공덕이 아니고서야 이루어질 수 있는 일이리오.

그러니 이 터줏대감이 인천 바닥 만이 아니고, 전국 터줏대감회 회장을 여러 해 하면서 많은 정보를 얻어 보았지만 이렇게 잘 사신 분은 듣도 보도 못 한 일이라, 기록으로 남기고 널리 알려야 하기에 감히 신神의 신분으로서 이렇게 적극적으로 나선 게 아니겠어.

말하자면 내 잇속보다는 평생 이웃을 먼저 보살피는 삶, 아무나 하는 게 아니지, 보현보살이나 관음보살의 화신이 아니셨나 하는 생각이 든다는 말씀이야.

제 2 부

외가 댁

평택 황구지 외갓집의 회고담

애기는 1910년 한일합방으로 나라가 멸망한 후 5년이 지난 1915년 정월에, 복덩이 홍을표洪乙杓 어머니가 홍 참판 댁 넷째 딸로 태어났기에 여기서부터 풀어 나가야겠네.

말이야 바로 말이지 첫딸 홍정표 이모를 낳고, 첫아들 홍익표 큰외삼촌에 딸 홍경표 둘째 이모를 얻었으니, 쉬 바뀌로 네 번째는 아들이 나올 줄 알았는데, 딸 홍계표 셋째 이모라 실망한 나머지 이번에는 아들이겠지 했는데, 또 딸 홍을표 어머니라, 낙담한 게 사실이지만 다음으로 기다리고 기다리던 둘째 아들 홍각표 둘째 외삼촌을 얻게 되니, 갑자기 홍을표 어머니가 복이 많아 아들을 낳게 되었다고 복덩이 딸로 격상된 게지.

우리 홍 참판 댁으로 말씀드리자면, 나라는 망했다 하지만 어찌나 땅 부자인지 우리나라 농지 부자 1%급에 들었으니, 아무리 나라가 망했다 해도 임금님 부럽지 않은 행복을 누리는 형편이었어.

집은 안채에 중간사랑채에다 바깥사랑채, 거기다 안 행랑채 바깥 행랑채까지 있어서, 방 많이 있겠다 먹을 양식 풍부하겠다, 지나는 과객들은 누구를 막론하고 밥 먹여 주고, 잠재워 주는 인심 후한 양반집이었지.

남의 땅은 밟고 다니지 않는다는 땅 부자라 황구지 벌판이 다 우리 땅이었고, 여기에는 남양 홍씨 집성촌이며, 우리가 종손 집이고, 우리만 기와집이다 보니 어깨가 으쓱할 수밖에.

그뿐인 줄 알아 얼마나 여유가 있었으면, 서울에서 가장 인기 있는 팔판동에 큰 기와집이 있었고, 이곳 황구지 집에는 행랑채에 하인들이 수두룩하겠다, 창고에는 곡식이 가득하겠다 부러울 게 없는 부잣집에 태어나신 게지.

어려서 홍을표 어머니는 어찌나 총명하고 활달한지 아들로 태어났으면 얼마나 좋았을까 라는 어른들의 말씀을 들으며 자랄만큼 언니고 오빠고 동생이고 모두를 좌지우지하고, 인기를 독차지하는 범상치 않은 여장부였어.

그래서 싹을 보면 안다고, 아마도 나중에 큰일을 하리라 믿어 의심치 않았지.

그런데 자라 시집을 간다기에 꽤 잘사는 신랑을 얻어갈 줄 알았는데, 웬걸 예산에서 태어나 서울에서 선린 상업을 나왔다는 신대교辛大教인데, 아 글쎄 밭 한 뙈기 상

속받지 못하는 가난한 집이었지 뭐야.

그래서 처음에는 걱정을 한 게 사실이지만, 시간이 지나면서 보니 육 남매 중 가장 잘 살면서 큰오빠 큰언니를 제외한 둘째 이모 셋째 이모를 비롯해 남동생인 둘째 외삼촌네까지 두루두루 도움을 받지 않은 이가 없었으니, 아무리 자기 동기간이라고 한들 이렇게 알뜰살뜰 잘 챙기는 사람은 보다 처음 보는 일이고, 역시 내가 믿었던 대로 되어 가는 것이 나로서는 아주 흐뭇한 일이었지.

어쨌든 간에 홍을표 어머니가 자라 시집을 가신 다음 얼마까지는 우리 집은 아무 탈 없이 잘 돌아갔고, 그 당시 부자들이 흔히 하는 축첩이 있었던 게 흠이라면 흠이지만.

다시 말해 외할머니가 홍각표 작은외삼촌을 생산한 후 얼마 안 있다가, 작은외할머니를 들여와 1남 2녀의 자손을 더 보신 게야. 그 당시로서는 흉도 안 되는 일이지만,

적자니 서자니 하는 게 확실히 구분되던 시대라 집안 화합에는 썩 좋은 일은 아니었어.

하기야 아들이 없어서라든지 손이 없어서라면 별로 탓할 게 아니지만 2남 4녀를 둔 마당에 들인 경우라 더욱 그랬다네.

아무튼 그건 그렇고 왜정시대 다른 집들이 하는 것처럼 이 집 큰외삼촌은 서울서 공부를 해 보성전문대까지 나온 후 일본으로 유학을 가시니, 적극적으로 신문물 습득에 열중하는 모습을 보여 주어, 많은 기대를 갖게 되었지만 결과가 신통치 않았지.

공부를 잘해 학문의 길로 나간 것도 아니고, 공무원이나 기업체에 취업을 한 것도 아니고, 아니면 상회라도 차려 기업을 일으킨 것도 아니고, 육영사업으로 학교를 설립한 것도 아니니 말이야.

거기다가 집에 엄연히 조강지처와 딸이 있는데 일본 유학시 만난 신여성을 만나 데려오니, 외할아버지도 첩첩산중 큰외삼촌도 첩첩산중에 들어 있는 형상이라, 세상이 평온할 땐 몰라도 강풍에 팔랑개비 돌아가듯 정신 차리기 어려운 이 시대에 첩첩산중에 틀어박혀 있는 형국이니, 우리 집의 영화도 태풍 앞에 촛불 신세가 되지 않을까 걱정 걱정을 하게 되었다네.

아니나 다를까, 1945년 우리 민족이 그리도 바라고 바라던 해방을 맞게 되어, 우리의 능력 발휘를 한껏 할 수 있는 시대가 왔는데,

이걸 어쩐담, 1%도 안 되는 큰 땅 부자에게는 크나큰 시련이 찾아온 게지.

우리나라 농경지의 63%가 소작농이라 1894년 갑오경장으로 법적으로는 신분제도가 없어진 평등사회가 되었다 하더라도, 실질적으로는 소작 농민은 대지주의 노예

나 다름없는 삶이라, 이승만 초대 대통령으로서는 농지 개혁을 하지 않을 수 없었던 게야.

그래서 만석꾼 부자인 김성수를 비롯한 대지주들의 저항을 무릅쓰고 설득 설득에 성공 6.25사변이 나기 직전 3월에 토지개혁을 완수해, 대대로 남의 땅만 부쳐 오던 소작인들이 모처럼 받은 자기 땅을 지키려고 용감히 싸워 김일성 침략자를 물리칠 수 있었던 게지, 말하자면 이승만 대통령이 발휘한 신의 한 수였던 게야.

이렇게 토지개혁으로 우리나라 발전은 획기적 기회를 맞게 되었다지만, 우리 집과 같은 대지주 입장에서 보면 크나큰 위기에 봉착하고 말았다네.

첩첩산중에 안주하지 않고 뛰쳐 나와 미리미리 앞을 내다보는 혜안을 가졌더라면 그 많은 재산으로 무슨 일이라도 이룰 수 있었을 텐데 하는 아쉬움이 두고두고 내 마음을 아프게 해.

아무튼 첩첩산중의 정기는 밖으로 나간 이 집 넷째 딸 홍을표洪乙杓 어머니에게로 옮겨 간 듯한 느낌을 가지지 않을 수 없으며, 내 단언컨대 씨앗을 보면 부처도 돌아앉는다는 속담이 있듯이 이 책을 읽는 이들은 없는 자손을 얻기 위함이 아니라면, 절대로 첩첩산중에 안주하는 일이 없길 간절히 바라는 바야.

하기야 요즘 세상에 축첩이야 없겠지만, 어지간하면 조강지처가 마음에 차지 않는다 해도 자기 업보로 생각해서 최선을 다해 백년해로하는 게 복 받는 일이라는 얘기야.

그건 그렇고, 6.25가 터지고 얼마 안 있다가 초등학교 6학년생인 홍을표洪乙杓 어머니의 외동딸 辛정현 학생이 동생 신영현 군과 함께 이 집 둘째 딸 홍경표 이모님을 따라 외가로 피난을 왔었던 이야기를 조금 하려고 해.

정현 아가씨의 그 당시 상황을 읊은 추억담을 그대로

옮기자면, 황구지 이 동네는 남양 홍씨와 개울 건너 청주 한씨 집성촌인데, 외가 댁은 안채 사랑채 행랑채 등으로 여러 건물이 큰 마당을 중심으로 둘러있으며, 행랑채도 두세 동 되는 듯, 한 울타리 안에 모여 있고, 일해 주며 밥 먹는 식구도 많았다. 모든 식구의 살림은 큰외숙모가 다스렸다.

큰외숙부님은 일본에 유학을 다녀오신 후 면장을 하셨고, 유학 시 만난 신여성 작은외숙모는 사랑방 엄마라고들 불렀으며, 아들 딸 딸 3남매를 낳으시고, 사회 활동을 좀 하셨다.

황구지는 허허벌판이라 평야가 끝도 없이 넓어 시퍼런 밭에는 많은 야채가 심어져 있어, 수박 참외 단수수깡 콩 등이 풍족해, 저녁이면 콩서리 하여 먹느라 입이 시커멓게 되고, 단수수깡 씹어 먹는 재미도 쏠쏠했다.

지나가는 나그네 머물러서 자고 밥 먹는 방도 많이 있

어서 집에 온 사람은 무엇이든 꼭 먹여 보냈다. 황구지 땅이 다 외가 댁 땅이라 남의 땅을 밟고 다니지 않으셨단다.

그 넓은 밭에 늙은 호박이 누워 있는데 얼마나 큰지 지게에 척척 걸쳐 지고 마당에 오면, 호박푸래기를 쑤어 지나가는 사람은 한 그릇씩 담아 주면, 담 밑이나 소 외양간 근처나 화장실 근처에 쪼그리고 앉아 한 사발씩 먹고 가는 광경이 인상적이었다.

개울 건너 한씨네 동네는 거의 모두 빨갱이였지만, 홍씨를 해코지하지 않았고, 한씨네 동네는 난리가 끝날 무렵 많이 죽고 이북으로도 여러 명 끌려갔단다.

외가 댁에 피난 생활 하는 동안 힘들었던 건 언니들이 아이들을 여러 명 데리고 왔었는데, 자기 자식들 자기들이 볼일이지 자기들은 놀러고 나에세 애를 맡겨 놓고서는 정현이는 착해서 애를 잘 본다고 칭찬을 해 대니 안

볼 수도 없고, 어머니도 없으니 편들어 주는 사람도 없어 고생 고생했다는 나쁜 추억이 생생하단다.

아무튼 우리 집의 영광은 끝이 났지만, 돌이켜 보면 조선 말기나 일제 강점기를 지나, 저 흉악한 6.25 침략을 받는 크나큰 난리를 겪으면서도 단 한 식구도 희생되지 않을 수 있었던 건 큰 복이라 하겠으며, 이 모두가 그간 우리 집이 대대로 쌓아 온 덕이 아니고 무엇이겠는가.

제 3 부

예산에서의 노년 농부

걸출한 인물人物 산지 예산禮山 일대

예산군 대술면 송석리 숯골에서 1915년에 태어나신 신대교辛大敎 아버지 辛전무님 얘기를 하기에 앞서 예산의 산세가 얼마나 명당이기에 걸출한 인물이 계속 배출되고 있는지 지형 얘기를 해야겠어.

예산은 오대산에 뿌리를 박고 서남쪽으로 뻗쳐 나온 차령산맥의 꽃술에 해당하는 지역이야.

오대산은 자장율사가 가지고 온 부처님의 진신사리가

봉안된 적멸보궁이 있고, 중·동·서·남·북의 오대五臺에는 석가·관음·미타·지장·문수의 부처가 상주하며 설법하는 성지란 뜻에서 오대산이란 이름이 붙여진 불교 성지의 명산이지.

예산을 관통하는 차령車嶺산맥은 오대산국립공원이 있는 이런 훌륭한 명산, 오대산에 뿌리를 박고, 평창의 계방산, 횡성의 태기산, 영월의 백운산, 치악산국립공원이 있는 원주의 치악산을 거쳐, 안성의 칠현산, 아산의 광덕산, 칠갑산도립공원이 있는 청양의 칠갑산, 보령의 성주산으로 뻗어내렸다.

이 차령산맥은 우리나라 기후대를 남부 온대와 북부 냉대로 구분하는 기준이 되기도 하고, 중부지방과 남부지방을 구분하는 기준이 되기도 하는 뜻깊은 산맥에 속한다.

그리고 우리나라 4대 명산, 4대 진산으로 일컬어지는

계룡산국립공원이 있는 계룡산은 풍수지리설에 대단한 명산으로 뽑혀, 한때 태조 이성계가 도읍지로 검토한 바 있고, 정감록 등 피난지로도 유명하며, 신흥종교 또는 유사종교 발상지로도 잘 알려진 이 산 또한 금강으로 인해 허리가 잘려 나갔으나, 차령산맥의 일부인 걸 생각한다면, 차령산맥은 아주 재미있는 산맥에 틀림없음이 분명하다.

이 진귀한 산맥이 태백산맥 오대산에 뿌리를 박고, 서남쪽으로 뻗어 내려오는 도중 남한강에서 침식이 일어나 잘려나가긴 했으나 경기도 충청도로 높지 않은 산맥으로 이어지다가, 예산에 이르러 한 송이의 꽃으로 피어나 게 되었지.

다시 말하자면 예산군은 주위에 시군이 많기로 유명해, 시계 방향으로 아산시로 시작해서, 공주시를 거쳐, 청양군, 보령시, 홍성군, 서산시, 당진군 등 무려 7개 시군에 에워싸인 형국이야.

그래서 말인데, 예산군이 차령산맥의 꽃술이고 7개 시군은 일곱 개의 꽃잎에 해당한다는 얘기지.

아닌 밤중에 홍두깨라더니 뜬금없이 차령산맥 꽃 타령이냐고 할지 모르지만, 이제부터 설명을 할 테니까 잘 들어보길 바래.

이 꽃송이 안에서 누구에게나 잘 알려진 걸출한 인재들이 나왔다는 점이야.

우선 임진왜란에서 거북선을 가지고 수십 배의 일본군을 무찌른 충무공 이순신의 고향이 아산시라는 건 잘 알려진 사실이고.

다음으로 이성계의 위화도 회군으로 실각당한 최영 장군이야말로 돈을 돌 보듯 하며, 살아온 청백리인 데다가 무덤에 풀이 나지 않기로 유명한 일화는 어린이도 잘 아는 일이며, 바로 그의 고향이 홍성이라네.

거기에 덧붙여 사육신의 한 명이고, 한글 창제에 공이 많았던 성삼문 또한 최영 장군과 같은 마을 홍성이 고향이라 최영이 먹던 우물물을 성삼문이 먹었다는 얘기지,

그뿐인가 3세에 아버지를 여의고 편모슬하에서 자란 김좌진은 16세에 육군무관학교에 입학하고, 가산을 정리하여 만주로 건너가 갖은 고생을 겪다가 32세 때 298명의 사관연성소 졸업생을 배출한 전력이 바탕이 되어, 일본군과 청산리 전투에서 싸워 일본군 3,000여 명을 신비한 전술전략으로 살상하는 독립전투상 전무후무한 승리의 금자탑을 세운 김좌진 장군의 고향도 홍성군이야.

어디 그뿐이겠는가, 3.1독립운동가 33인의 한 분이며, 『님의 침묵』의 저자로 유명한 만해 한용운 시인도 홍성이 고향이고 보면, 어찌 풍수지리를 무시할 수 있겠는가.

홍성 이야기는 이쯤에서 마치고, 당진군으로 넘어가면, 우리나라 최초의 천주교 신부이고, 천주교 103위 성인 가운데 한 사람인 김대건 신부의 고향이 당진이지.

또 당진에는 임진왜란 때에는 권율 휘하에서 17세 소년으로 왜군이 가득한 길을 단신으로 뚫고 장계를 신의주 행재소에 전달하는 공을 세워, 당시 병조판서 이항복에게 전하니 그의 신임을 듬뿍 받으며 무과에 급제한 다음, 인조 때 일어난 이괄의 난을 평정하는 데 큰 공을 세워 1등 공신으로 금남군錦南君에 봉해졌으며, 후일 포도대장에 경상도병마절도사까지 지낸 정충신 장군이 있는데,

키가 작고 씩씩하였고 덕장이라는 칭송을 받으며, 민간에 많은 설화를 남긴 장군인 정충신의 고향도 당진이며, 청렴하고 천문, 지리, 복서, 의술에도 정통한 장군이야.

정충신 장군의 탄생 일화 하나를 소개한다면, 그의 아버지 금천군錦川君이 낮잠이 들었는데 호랑 한 마리가 큰 소리로 어흥하며 달려드는 꿈을 꾸고 깨어 보니 아들 낳을 태몽이라 부인을 찾으니, 부인은 친정엘 가고 없는데 부엌에서 그릇 깨지는 소리를 듣고 가 보니, 곰보에 키가 작고 뚱뚱해 시집도 못가고 있는 계집종밖에 없는지라 어찌할까 고심고심 끝에 길몽을 버리기 아까워 종으로 하여금 잉태하게 하였는데, 아이는 모자라지 않고 총명했으며 무예가 출중한 장군이 되고, 당시 노비의 서자로서는 꿈도 꿀 수 없는 절도사까지 올랐으니 상식적으로는 이해할 수 없는 인물이지.

이 밖에도 실패로 돌아갔지만 개화기에 급진 혁명가로 이름을 떨친 1851년생 김옥균 혁명가가 공주 정안면 출신이라는 것을 빼놓을 수 없다네.

김옥균은 문과 알성시에 장원급제한 수재로, 1884년 박영효, 서재필, 서정범, 홍영식 등과 우정총국 개국 축하연에서 갑신정변을 일으켰으나 실패한 후 일본으로 망명해 있다가, 청국으로 가 암살당한 풍운아이지.

"아, 비상한 재주를 가지고, 비상한 시대를 만났지만, 비상한 공적도 없이, 비상한 죽음만 얻었도다."라는 그의 비명이 말하듯이 공주 출신으로 비상한 인물 중 하나임에는 누구도 부정할 수 없는 사실이라 하리.

또한 그냥 넘어가기에는 아까운 아산 온양의 인물 하나는 바로 소를 타고 다니는 세종 때 좌의정까지 지낸 맹사성을 들 수 있지.

최영 장군의 손녀사위이기도 한 그는 사람이 소탈하고 조용하며, 엄하지 않아 비록 벼슬이 낮은 사람이 찾아와도 반드시 공복公服을 갖추고 대문 밖에 나가 맞아 윗자리에 앉히고, 돌아갈 때에는 역시 공손하게 배웅하여 손님이 말을 탄 뒤에야 들어왔다 하며, 효성이 지극하고 청렴하기로 이름이 나 있는 인물이야.

맹사성 재상에 대한 재미있는 일화 하나를 소개하자면, 고향에서 허름한 옷에 소를 타고 서울로 올라오다가 비를 만나 객줏집으로 들어갔는데, 마침 영남에서 오는 비단옷을 잘 차려입은 부잣집 젊은이를 만난 거야. 이 젊은이 허름한 옷차림의 맹사성을 만만히 보아 "노형! 심심한데 우리 말 끝에 '공' 자와 '당' 자를 붙이는 문답이나 합시다"라고 제안을 해 와 맹사성이 "그거 좋지, 젊은이는 어딜 가는 공" 하고 물으니, 젊은이 왈 "서울 간당" "뭘 하러 가는 공?" "녹사벼슬 얻으러 간당" 하는 거였어.

그리고 나서 비가 갠 뒤 맹사성은 젊은이와 헤어져 서울로 와, 며칠 후 맹사성이 공식 석상에 앉아 있는데, 젊은이가 녹사 자리를 얻으려고 들어와 엎드리는 거였어. 그러자 맹사성이 "어찌 왔는공?" 물었더니, 젊은이가 고개를 들어 힐끔 보더니만, 땅바닥에 머리를 조아리며 "제발 죽여주시당, 죽여주시당" 하여, 의아해 하는 재상들에게 주막에서 있던 일을 설명해 주고 추천해 녹사 자리를 얻게 해 주니, 뒤에 유능한 관리가 되었다는 얘기지.

그러면 슬슬 차령산맥의 꽃술에 해당하는 예산에는 어떤 인물이 나왔는지 살펴보기로 할까.

뭐니 뭐니 해도 예산 하면 가장 먼저 떠오르는 인물은 호가 무려 500여 가지에 이른다는 추사秋史, 완당阮堂, 예당禮堂, 시암詩庵, 노과老果, 농장인農丈人, 천축고 선생天竺古先生으로 불리어지는 김정희金正喜라 하겠어.

우리나라 역사상에 예명을 남긴 사람들이 많고 많지만, 김정희 선생 만큼 그 이름이 입에 오르내리는 경우는 드물어. 따라서 그에 대한 학문, 예술의 각 분야별로 국내외 여러 학자들 사이에서 일찍부터 연구가 이루어져 온 서야.

그는 단순한 예술가 · 학자가 아니라 시대의 전환기를 산 신지식의 기수로서, 새로운 학문과 사상을 받아들여 조선왕조의 구문화체제로부터 신문화의 전개를 가능케 한 선각자로 평가되지.

선생은 일찍이 문과에 급제하여 암행어사, 병조참판, 성균관 대사성 등을 역임하고, 옥사에 연루되어 9년간 제주도로 유배를 가기도 하였고, 함경도 북청으로 2년간 유배 생활을 하면서 예술과 학문의 튼실한 열매를 맺는 계기가 되기도 하였어.

그 당시 다산 정약용과 초의草衣 선사와의 교류는 잘 알려져 있는 일이고, 추사체를 완성시킨 서예가이자, 국보 세한도歲寒圖를 남긴 화가이며, 난을 잘 치기로 유명할뿐더러 또한 그의 예술에서 빠뜨릴 수 없는 것이 전각篆刻으로, 조선 말기의 문신 · 실학자 · 서화가로 크게 이름을 떨친 걸출한 인물이야.

또한 그의 학문에서 큰 비중을 차지하는 것은 불교학으로 저택 경내에 절을 짓고 살 정도였으며, 당대의 고승들과 교유하면서 불전을 섭렵한 인물이지.

시도詩道에 대해서도 철저한 정도正道의 수련을 강조했고, 스승인 옹강방으로부터 소식 · 두보杜甫에까지 도달하는 것을 시도의 이상으로 삼았어.

제주도 귀양살이할 때 부인과 며느리한테 쓴 한글 편지는 한글서예면에서 민족 예술의 뿌리가 되는 귀중한 자료로 평가되지.

말하자면 추사 김정희 선생은 예산이 낳은 우리나라 국보급적 인물로 누구도 토를 달지 못하는 걸출한 인물이야.

예산이 예향禮鄕의 도시로의 1등 공신이 추사 김정희 선생이라면 충절忠節의 도시로서의 1등 공신은 매헌 윤봉길 의사이지.

1908년 예산군 덕산면에서 태어난 윤봉길 의사는 한문학을 공부 사서삼경을 통달하고, 한시도 잘 지어 300여 편의 자작시를 남겼으며, 신문과 개벽 잡지 등을 탐독하여 신학문 자습도 게을리 하지 않은 수재야.

농민운동을 하다가 1930년 23세 때 "장부가출생불환丈夫家出生不還 대장부가 집을 나가면 뜻을 이루기 전에는 돌아오지 않는다" 라는 글을 남겨 놓고 망명길에 올라 고생 고생 끝에 중국 상해에 도착하였지.

그 당시 일본은 만주만이 아닌 상해까지 점령해, 1932년 전승 경축식을 홍구공원에서 거행하게 되었는데, 1만 명의 일본 거류민 및 1만 명의 일본 군인이 지키고 있는 삼엄한 경비를 뚫고 들어가 수통형 폭탄을 던지는 데 성공하여, 일본군 총사령관 시라카와 요시노리 대장을 현장에서 즉살시킨 것을 비롯해 두 명의 중장에게 중상을 입히는 등 수많은 사상자를 내는 쾌거였어.

이 의거로 우리 민족의 독립투쟁이 만방에 홍보되었고, 중국 장개석 총통도 "중국군 30만 명이 해 내지 못한 일을 한 한국 청년이 해냈다" 라고 윤봉길 특공작전 의거를 높이 평가하고, 중국군 사관학교 안에 한인 장교반을 마련하는 등, 침체되어 있던 독립운동이 크게 일어나는 계기가 마련되었지.

윤봉길 의사는 일본 헌병에 심문을 받으면서는 당당하게, 한국인의 민족적 각성을 촉구하여 독립운동을 고취시키고, 전 세계에 한국이라는 이름을 뇌리에 깊이 새겨 놓고자 의거를 일으켰다고 말하며, 25세 나이로 총살형을 받았다네.

예산 출신으로 세상을 뒤집어 놓은 인간이 하나 있는데, 이 사람을 그냥 넘어가기도 그렇고 쓰자니 그것도 마음에 썩 내키지 않지만, 차령산맥의 꽃술에서 나온 큰 물건이니 간단히 기술하고 넘어가려 해.

그는 다름 아닌 대술면과 붙어 있는 신양면 신양리에서 1900년에 태어난 남로당 당수 박헌영이야.

쌀장수를 하던 아버지와 첩인 어머니 사이에서 나와, 어려서 한문을 배우다가 대흥보통학교를 마치고, 머리가 영특해 지금 경기중고등학교인 경성고등보통학교를 졸업 후, 3.1운동 이후 상해로 건너가 고려공산당에 입당해 공산주의자가 되었지.

1925년 국내에 잠입 조선공산당을 창설한 후, 일본 경찰에 잡혀 복역하다가, 탈출 1929년에는 모스크바로 건너가 2년간 공산대학에서 수학한 다음 상해로 다시 잠입하는 등 철두철미한 빨갱이가 예산에서 태어났다는 것이야.

그는 김일성보다 12살이나 위이며, 그보다 훨씬 더 많은 투쟁을 해 말하자면 김일성의 선배 아니 선생님 격으로, 6.25 전쟁이 일어나기 직전까지 남한에는 남로당에 입당했다가 전향한 보도연맹원 숫자가 무려 50만을 넘었다 하니, 박헌영이의 침투력이 얼마나 대단했는지를 짐작할 수 있는 일이지.

그뿐만 아니라 해방 후 수만 명의 남로당원들이 산속으로 들어가 빨치산이 되거나, 이북으로 월북하였으니 박헌영의 영향은 상상을 초월할 만했어.

6.25 전쟁만 일어나지 않았다면 보도연맹원들도 별 탈 없이 살 수 있었을 텐데, 전쟁이 발발하자 이래저래 몰살당하는 신세가 되고 말았으니, 박헌영이야말로 무간지옥에 떨어졌으리라.

그러니 특히 예산을 중심으로 한 공주, 홍성 등 충청남도를 비롯해 위로는 경기도 평택에 이르기까지 마을 전체가 쑥대밭이 된 참혹한 광경이 발생하고 말았으니, 이렇게 크나큰 악업을 짓지는 말고 한평생 살아야겠다는 생각이 간절할 뿐이야.

아무튼 6.25 전쟁의 책임을 지고 김일성이한테 1955년 총살형을 당하고 말아, 남북 양쪽에서 버림받은 불쌍한 인간이 되고 지옥에까지 떨어지고 말았으니 얼마나 기구한 운명의 장난인가.

그래서 여기에 몇 자 적어 주는 바이며, 이 글을 읽는 이들은 이런 참혹한 삶을 살지 말라는 뜻이라네.

그리고 빼서는 안 될 일 하나는 구한말 경허鏡虛 스님이 머물며 선불교를 중흥시킨 이래 그 제자 만공滿空 스님이 선풍을 크게 일으켜 우리나라 불교계의 5대 총림 중 하나인 덕숭총림을 껴안게 되는 사찰 수덕사의 만공 스님 얘기이지.

충남 사찰하면 수덕사, 수덕사 하면 만공 스님이 절로

떠오를 만큼 만공 스님이 공주 마곡사 주지로 지낼 때, 조선총독부에서 31본산 주지회의가 열려서 참석했는데, 미나미 총독이 "전임 총독 데라우치가 한국불교 진흥에 공이 크다"고 칭찬을 하며, 한국 불교와 일본 불교를 통합하자고 주장한 게야. 그러자 만공이 "데라우치 총독은 우리 불교를 망친 인물로 큰 죄악을 저질렀으니 무간아비지옥에 떨어졌을 것이다" 라고 쩌렁쩌렁 호통을 친 게지.

바로 배석한 경무총감은 전 총독의 아들이라 잡아넣자고 하는 걸 미나미 총독이 만공의 명망이 너무 높은 관계로, 처벌 대신 회유책을 써야겠다고 해 써 봤지만, 그에도 응하지 않는 등 한용운 스님 못지않은 독립운동가로 유명한 스님이야.

열반하기 직전에 거울을 보며 "이 사람 만공, 70년 동안 나와 동고동락하느라 고생했지. 그동안 수고가 많았네" 라는 유언을 남기고 바로 입적하였다는 게지.

만해 한용운 스님과는 절친한 사이로 “만해는 내 애인이야” 라고 말했는가 하면, “지금 온 조선 땅에는 사람 하나 하고도 반이 있는데 그 하나가 바로 만해萬海” 라고 말하기도 했다네.

그리고 예산에서 직접 태어난 건 아니지만 예산의 명당자리에 묘를 씀으로써 두 명의 천자가 나온 얘기를 놓칠 순 없지.

다름 아닌 흥선대원군 이하응이 2대에 걸쳐 천자가 나온다는 예산 덕산면 명당자리에 당신 아버지 남연군 묘를 이장하여, 지관 말대로 고종황제와 순종황제를 얻었다는 얘기야.

이 자리에는 원래 가야사가 있었는데, 바로 그 자리가 명당자리라 주지에게 돈을 주고 불을 내게 한 다음 이장을 하고, 후일 다른 곳에 절을 지어 주었다는 게지.

아무튼 믿거나 말거나 한 얘기지만 예산이 차령산맥의 꽃술에 해당되는 명당자리라는 걸 증명해 준다고나 할까.

이제 슬슬 신대교辛大敎 아버지 얘기로 들어가 볼까.

辛전무님 얘기를 하자면 예산 대술면이 고향이시고 1577년 선조 10년에 태어나신, 辛전무님의 10대조이신 선석仙石 할아버지를 먼저 말씀드려야겠네.

말하자면 선석공仙石公은 예산에 살고 있는 영산 신辛씨의 중시조 격인 건 물론이고, 조선조 500년을 통틀어 보아도 영산 신씨의 간판스타인 훌륭한 분이시지.

선조 34년 사마시에 합격하여 생원이 되었으나, 벼슬에 뜻이 없어

고향 예산으로 낙향하였다가, 광해군 11년 알성문과에

병과로 급제 병조좌랑, 예조좌랑 등을 역임하였지.

1619년 44세 되던 해 일본에 건너가 임진왜란 때 포로가 되어 잡혀간 조선인 146명을 데리고 온 거야. 당시에 일본에서 겪은 감회를 읊은 기행시가 그의 시문집〈선석유고 仙石遺稿〉에 수록되어 있어.

그 후 동부승지가 되었고, 61세 되던 해 병자호란 때 포로로 잡혀 간 사람들을 대가를 지불하고 귀환시키는 속환사贖還使가 되어 심양에 가서 속환인 600여 명을 데리고 왔지.

그 후에도 한 번은 소현세자를 맞으러, 또 고령인 76세 되던 해에는 사은사謝恩使 부사로 심양에 다녀오는 등 외교에 능하신 분이었어.

79세가 되던 해 사직하고 고향 예산에 돌아와 유유자

적하며 지내는데, 81세 되던 해에 판중추부사에 특별히 올랐지.

비록 교과서에 오르진 못했으나 예산의 걸출한 인물 중 한 분임에는 틀림없는 거야. 더구나 예산 하고도 대술면의 인물이고, 辛전무님의 10대조 할아버지라는 게 아주 중요해.

고향 예산으로 낙향하신 후 1669년 현종 10년에 별세하시니 향년 93세라, 그 당시로는 보기 드문 장수를 하신 게지.

산소는 대술면 송석리 숯골을 남동쪽으로 바라보는 산에 안장되었는데, 내려다보이는 곳에 맑은 호수 송석지가 있고 산소가 학정혈鶴頂穴 명당자리라 하여 유명해.

돌아가신 2년 후 시호가 정헌靖憲으로 내려졌으며, 숯골 입구에 세워진 신도비에는 "관운이 형통할수록 조심하고 온당히 보행하였고, 위험이 있을 때는 더욱 정신을 맑게 하고 엄하게 하였도다. 한림翰林의 문과 옥당玉堂의 문을 여러 승지와 호조의 높은 벼슬을 역임하지 않음이 없는데, 하늘을 우러러보아도 땅을 굽어보아도 부끄럼이 없도록 다하였도다."라고 쓰여 있을 만큼 당색에 치우치지 않고, 원만한 처신을 하여 큰 곡절 없이 기나긴 벼슬자리를 잘 마무리하신 훌륭한 분이야.

명분보다는 실질을 숭상하는 실사구시의 정신을 바탕으로 새로운 시대에 대처할 줄 아는 능력을 지녔으며, 이러한 삶의 자세가 문학 작품에도 반영되어 "생활시"의 면모로 잘 드러나 있지.

이렇게 훌륭한 조상의 피를 이어받고, 학정혈이라는 명당자리에 모셨으니, 이제나저제나 뛰어난 자손이 나오리라 기다리고 기다리던 중 돌아가신 후 244년이 되던 1913년에 드디어 선석공의 10대손 신대교 아버지가 태어나신 게야.

신대교 아버지는 신성환 할아버지의 4남 2녀 중 막내 아들로, 할아버지 연세가 46세에 낳으셨으니 얼마나 귀여움을 독차지했을까. 가히 짐작할 수 있는 일이지.

신대교 아버지는 생김새가 똘방똘방 야무진 데다가, 어려서 어찌나 튼튼하고 개구쟁이인지 온 동네를 휩쓸고 다니다 보니, 집안 어른들 관심의 초점이 될 수밖에.

아니나 다를까 보통학교를 마치더니, 그 당시 일본인 학교라 취직이 잘 되어 지금의 경기고 전신인 경성보통학교보다 들어가기가 더 어렵다는 선린상업학교에 당당히 합격했지 뭐야.

학교를 졸업 후 은행에 취직해 도시로 떠나오면서 하는 말이 "내가 성공해 이 대술년 땅을 다 사기 전에는 고향 땅에 발을 들여놓지 않겠다" 할 만큼 풍족하지 못했던 어려운 시골 형편이 뼛골에 사무쳤던 모양이지.

아무튼 결론부터 말씀드리자면, 선린상업 출신으로 20여 년간 종업원이 6,000명이나 되는 인천 대성목재에서 전무공장장을 하시면서, 예산을 중심으로 한 아산, 공주, 홍성, 서산, 당진 등에 살고 있는 사돈의 팔촌까지도 챙겨 적게 잡아도 천여 명에게 일자리를 만들어 주었으니, 취업이 어려웠던 그 시기에 그것도 한 달 월급 탈 때까지 밥을 먹여 주는 어려운 일을 하셨으니, 이 방면에서는 전무후무한 걸출한 인물이라 하지 않을 수 없어.

말이 쉽지 자기 자식 공부방까지 없애면서 취직하러 오는 시골 청년 합숙소를 만든다든지, 형편이 넉넉지도 않으면서, 주위에 어려운 동기간을 알뜰살뜰 챙긴다는 게 누구나 할 수 있는 일은 아니지.

이리저리 남을 위해 쓴 돈을 저축했으면, 아마도 빌딩

몇 채는 되었을 것이지만 돌아가실 때 빈손으로 눈을 감으셨으니, 훌륭하신 그 삶의 정신이 예산인물론 아니고서는 설명할 수 없다는 생각이야.

그건 그렇고 어찌나 건강을 타고 나셨는지 병원하고는 담을 쌓고 사셨으며, 사시사철 냉수마찰과 아령을 하루도 빠짐없이 하시는 등 자기 몸 관리에 철저하셨고, 학창시절에는 농구선수로 운동을 아주 즐겨하신 분이라네.

인천에서 어떻게 사셨나 하는 건 앞에서 얘기한 바 있으므로 중언 부언할 필요는 없고, 아무튼 걸출한 인물로 평가되기에는 좀 부족함이 없지 않으나, 보통 상식으로는 이해하기 힘들 정도로 남을 먼저 생각하여 도움을 실천하며 살아오신 분으로 평가한다면, 둘째가라면 서러울 정도의 걸출한 인물이라 하리라.

예산의 걸출한 산지답게 요즘 회자되는 인물 한 명을

든다면 아직 미완성 단계이지만 백종원을 눈여겨볼 만하다네.

백여 년이 지난 후 백종원이 예산의 걸출한 인물에 오르기를 바라보면서 이 장을 마치려고 해.

예산 숯골 고향의 노인 농부

우선 신대교 아버지의 조상이 어떻게 차령산맥의 꽃술인 예산을 중심으로 공주 홍성 청양 등지에 정착하게 되었나를 살펴보는 게 중요하지.

아버지의 10대조 할아버지가 선석공이시고 선석공의 고조 할아버지가 후담厚聃 할아버지이신데, 바로 이 후담 할아버지 그러니까 신대교 아버지의 14대조 할아버지가 아산 현감을 지내시고 낙향할 시골을 골라 오신 곳이, 바로 명당자리 예산군 신암면 오산리 오리지인 게야.

그런데 신암면 오산리 일대는 산이 많지 않아, 후담 할아버지는 거기다 산소를 썼지만, 아무래도 선산 하나는 장만해야겠다는 생각에 이리저리 물색하던 중, 낙향하신 지 약 100년쯤 되던 해인 증손자 대에 이르러, 마침 신암면에서 삼사십 리쯤 떨어져 있는 대술면 송석리 숯골에, 헐값에 나온 산 좋고 물 좋은 아주 훌륭한 산 수십만 평이 나온 게지.

그래 놓칠세라 부랴부랴 돈을 장만해 장손 이름으로 등기를 내게 되었으며, 산이 크고 물도 맑아 주위에 살기 좋은 환경이라 자연 자손들이 송석리 선산 주변으로 모여 살게 되어, 대술면 송석리 숯골이 영산 신씨 집성촌을 이루게 된 게야.

숯골은 탄동炭洞이라 해서 말 그대로 숯을 굽던 산골이라 신대교 아버지가 어렸을 때는 하얀 쌀밥이 아닌 노란 좁쌀밥을 주로 잡수시었나 하니 그만큼 논은 적고 산골짜기에 밭을 일궈서 조니 수수니 보리농사를 주로 짓는 산골 마을이야.

그래도 좋은 점은 마을 한가운데로 흐르는 산골짜기 물이 맑고 산삼이 녹아 내린다 하여, 이 물을 먹으면 건강하고 장수한다는 얘기가 전해 오고 있고, 번성할 때는 스물다섯 채 되는 꽤 큰마을로 발전했지.

내친김에 이 선산 얘기를 하고 넘어가야겠네. 선산의 명의는 대종손 영찬이로 되어 있었는데 이 영찬이가 문제인 거야.

일찍이 아버지를 여의고 엄마와 누나 셋이 신암면 오산리 오리지 시골에서 살다가, 누나 결혼 후 인천으로 재종조할아버지이시고, 대성목재 전무이신 신대교 아버지 그늘로 이사를 온 게야.

종손이 대학은 나와야 된다고 아버지가 지프차 태워 홍익대학에 입학시켜 주어 졸업까지 했는데, 술이 문제라 평소에는 점잖고 성실하다가도 술만 먹으면 개차반이라, 결국 사람 구실 못하고 낚시질이나 하고 돈을 벌지 않으니, 색시가 화장품 장사를 해 아들 둘을 낳아 기르며 겨우겨우 살았지.

그러나 생활이 곤궁해지자 자기 이름으로 된 송석리 숯골 선산을 빚에 여기 잡히고 저기 잡히고 해서 그 큰 산의 절반 정도는 이미 다른 사람의 손으로 넘어간 상태에서 마지막 남은 10만 평까지 판다고 내어 놓기에 이르렀고, 선산이 타성 소유가 되면 안 되므로 홍을표 어머니가 있는 돈 없는 돈 다 긁어모아 현재 아들들 공동 명의로 만들어 놓아 선산이 잘 보존될 수 있게 되었으니, 그 공로의 일등공신은 홍을표 어머니이신 게야.

주사가 있는 알콜 중독자가 된 종손 영찬이는 결국 사람 구실을 못하고 자기 어머니보다 먼저 세상을 떠나고 말았지.

이렇게 해서 선산이 일부 보존되고, 선석공 할아버지가 내려다보시는 호숫가에 있는 신씨 마을에 자손들이 살고 있으니, 한 폭의 그림과도 같은 아름다운 풍경의 집성촌이야.

여기서 전에 잠깐 간단히 얘기한 바 있지만, 신대교 아버지의 어린 시절, 선린상업학교 시절, 인천에서의 생활을 조금 더 얘기하고 넘어가야겠네.

왜정 때 소학교는 숯골 근방에는 없었고, 마침 8살 위이신 신성교 셋째 형님이 덕산공립소학교 선생님으로 근무하셨기에 숯골에서 60리 정도 떨어진 면 소학교를 다녀 졸업하셨는데, 성적이 우수하고 품행이 방정하여, 충청도지사 표창장을 받으셨어.

또한 운동을 좋아하셔서 선린상업학교 시절엔 농구를 하셨고, 졸업할 때에는 농구부 공로 상장까지 받으셨으니, 얼마나 열심히 하셨을까 짐작이 가는 일이야.

대성목재에 근무하실 때를 살펴본다면, 6.25 동란이 일어나기 전해에는 회사 일에 노고가 많으시다고, 듣도 보도 못했던 대성목재 종업원 일동이 주는 감사장까지 받으셨으니 참 희한한 일이라 아니 할 수 없지.

거기다가 임원이 되신 후로는 어찌나 많은 경기도 지역사회 일을 하셨는지, 지역사회 일을 혼자 도맡아 하신 듯, 20여 년간에 무려 50여 건이라는 위원이니, 고문이니, 조정위원이니 맡아 하셨으니, 바쁜 회사 일을 하시면서, 참으로 많고도 많은 일을 하신 부지런한 분이라는 걸 알게 되었어.

그럼 이제부터 노년 농부 얘기로 들어가 볼까.

신대교 아버지가 80세가 되실 무렵 개울 건너 넓은 밭 한 뙈기를 사서 방 두 개에 마루가 넓고 화장실 다용도실이 있는 약 25평 되는 한식 양옥을 지으셨고, 두 분이 삼시 생활하시게 된 게지.

그러던 중 홍을표 어머니가 병환이 나시는 바람에 서울로 올라와 치료를 받으시다가, 82세 되던 해에 어머니가 돌아가시니 집 바로 위쪽 산에 모시게 되었으며, 이때부터 본격적으로 노인 농부 생활이 시작되신 게야.

농사라야 논농사는 없었고 텃밭에 고추 상추 고구마 김장 배추 등을 심고 가꾸시느라, 힘에 겨우실 텐데도 워낙 건강하시고 부지런하셔서 남의 손을 빌리지 않고 잘 하셨지.

언제 큰 회사 전무님으로, 흰 와이셔츠에, 넥타이에, 빤짝빤짝 닦은 구두에, 기사 딸린 승용차 타고 다니신 분이라고는 전혀 상상도 안 될 만큼, 허술한 작업복 차림에 얼굴이 새까맣게 타고, 손이 다 터진 누추한 농부 모습이라, 주위 사람들과 보는 자식들이 안타까워했지만 당신이 좋아서 하시는 일이니 누가 말린다고 들을 분도 아니시고 어쩔 수 없었어.

자녀들이 휴일에 뵈러 내려오면 어찌나 반가워하시는지, 고춧잎이건 고구마 줄기건 있는 것 없는 것 다 챙겨 주시느라 바쁘셨지.

김장 때가 되면 농사지으신 고추 마늘 배추를 자식들에게 나누어 주시며, 즐거워하시는 모습은 마치 아이들 같으시다고나 할까.

수유리 사는 딸은 바빠 자주 찾아뵙지도 못해, 간식으로 잡수시라고 시장에 가서 과자를 한 박스 사서 붙여 드리면, 부자가 되었다고 어찌나 좋아하시는지, 옆에서 싸구려 과자를 보낸다고 불만을 하기도 했지만, 받는 분이 즐거워하시니 계속 떨어지지 않게 딸내미는 보내드리는 즐거움에 빠질 수밖에.

이렇게 해서 노년 농부 생활은 잘 정착되어 가고 있었으며, 생신 때나, 손사녀 결혼식이 있을 때나, 제사 때 등 행사가 있을 때를 제외하고는 늘 고향에서 건강하게 생활하시는 노년 농부가 되신 게야.

그러니 자녀들은 기회만 되면 예산으로 달려가 점심 대접을 해 드리는 일이 잦아져서, 그때는 툭하면 문 앞에 승용차가 들이닥치곤 해 동리 사람들의 눈길을 끌기도 했지.

그렇게 오륙 년이 지나자 아버지 연세가 88세 미수米壽가 되신 게야, 그러자 딸내미가 아버지 미수를 밥이나 한 끼 먹는 거로 때우기는 아까우니, 미수 여행을 하시는 게 어떻겠는가 제안을 했지만 반응 신통치 않아 수포로 돌아갈 뻔하다가, 끈질기게 주장에 주장을 거듭해서, 겨우겨우 성사가 된 게야.

대망의 미수米壽 여행

딸내미의 끈질긴 노력으로 어렵게 어렵게 성사되어 시작된 미수 여행은, 예전에 화평동 집에서 함께 생활했던 일가친척들이 같이 가는 게 아버지가 옛일을 회상하는 계기가 되어 흡족하실 것 같아 그런 방향으로 계획을 했지.

그래서 추진한 결과 주인공이신 신대교 아버지를 비롯해, 범현 오빠네 내외, 남동생 영현네 내외, 남동생 삼현네 내외, 사촌 명현 오빠네 내외, 고종사촌 여운억 오빠네 내외, 고종사촌 여운길 오빠네 내외, 총 일곱 쌍에 주인공이신 아버지까지 15명이 최종적으로 확정되어, 안내양이 있는 우등 버스 한 대를 전세 내어 3박 4일의 여행을 떠나게 된 게야.

좌석도 남고 해서 제주도 애현이 언니 내외나, 사촌 동생 계현이 내외, 고종사촌 언니 여운배 내외나, 고종사촌 동생 여안자 내외 등도 함께 하기를 권했지만, 갈 형편이 안 된다고 극구 사양하는 바람에 아쉽게도 조촐한 출발을 하게 된 게지.

출범이 난항을 겪은지라, 결과까지 좋지 못할까 봐 걱정 걱정을 했는데, 아니나 다를까 출발하자마자 안내양이 애를 써서 좌중을 웃겨 보려고 갖은 노력을 해 보았지만, 어떻게 생전 보도 못한 사람들의 패키지지 여행보다 이렇게 더 어렵다니, 참 큰일 났다 싶더라구.

다른 표현을 빌리자면, 마치 길 가다가 불심검문에 걸

려 강제로 차에 태워 전쟁터로 끌려가는 장병들의 모습이라고나 할까.

코미디나 음담패설로는 도저히 분위기가 살아날 것 같지 않으니 이러다가는 미수 여행이 즐거운 여행이 아니라, 고통의 여행이 될지도 모른다는 생각이 들자, 화평동 집에서는 하룻밤도 자지 않은 비주류인 사위가 마이크를 잡은 게야.

실례합니다, 하도 분위기가 딱딱해서 본의 아니게 비주류인 제가 마이크를 잡게 되었으니 양해 부탁드립니다.

오늘 스케줄이 하도 빡빡해서 월정사를 들르지 않고 바로 환선동굴로 가기로 했었는데, 월정사를 들르기로 하겠습니다. 말이 떨어지기 무섭게 "어! 기사양반 월정사부터 갑시다" 라고 큰소릴 쳐 좌중의 관심을 끌더니만.

오락보다는 지적 호기심과 상금으로 이분들의 관심을

끌 목적으로, 오대산 얘기, 월정사 얘기, 상원사 얘기를 하니까 모두들 시선 집중이 되는 데 용기를 얻어 얘길 풀어 나간 게지.

오대산은 남한에서 유일한 불교 성지의 산으로, 신라 때 자장율사가 중국에 가서 문수보살을 친견하고 부처님 진신사리를 얻어와 동서남북 다섯 개 봉우리의 중앙에 적멸보궁을 짓고 진신사리를 봉안한 아주아주 중요한 산이라는 점.

지금 가려고 하는 월정사는 오대산에 있는 가장 큰 사찰로 대한불교조계종 제4교구 본사로 국보와 보물이 다수 있다는 이야기.

월정사에서 조금 걸어 올라가면 상원사가 있는데, 세조가 여기에 피부병 치료차 왔다가, 대웅전엘 가려고 하사 고양이가 바짓가랑이를 물고 늘어져 가지 않고 대웅전을 수색하니까, 자객이 숨어 있어 화를 면했다는 얘기서부터, 여기 있는 동종은 우리나라에서 가장 오래된 동종이란 얘기.

또 뺄 수 없는 얘긴 6.25전란 중 1.4후퇴 당시 초토화 작전을 수행하려고, 우리 국군이 절을 비우라고 명령하자 그 당시 주석하고 있던 방한암 고승이 가사장삼을 차려입고 대웅전에 떡 버티고 앉아 계신 거야. 깜짝 놀란 군인이 나오라 하니까 "당신네들은 상관의 명령을 받았으니 빨리 불을 놓으시게나, 나는 부처님 제자로서 이 몸을 불살라 부처님께 공양을 올릴 테니" 라고 하는 게 아닌가. 그걸 본 장교가 문짝만 떼어 내어 불살라 연기만 내게 하고 돌아가니, 대웅전이 보존됐다는 얘기는 여행팀 대부분이 6.25를 겪었던 분들인지라 아주 귀를 쫑긋하고 여간 잘 듣는 게 아니야.

이 분위기를 놓칠세라, "여러분 월정사를 관람하시면서 그저 건성건성 보시면 남는 게 별로 없으니, 국보와 보물을 찾아 그 이름을 알아 오시면, 상금 1만 원을 드리겠습니다." 라고 하자 관심 100%. 그 당시 만 원이면 22년 전이니 지금 가치의 몇 배는 되는 거라 특히 콩나물 가격도 깎아 사는 부인네들에겐 흥미진진한 얘긴 게지.

그러는 동안 시간이 흘러 버스가 월정사에 도착해 사찰 관람이 시작되자 누구나 국보 보물이 어디에 있는지를 찾는데 정신없이 이리저리 눈에 불을 켜고 돌아다니는 거 아니겠어.

그러니 마이크를 잡은 사위는 회심의 미소를 짓고 바라보다가 이들이 관람을 마치고 돌아오자, 저기요 저기요 하면서 어떤 국보 어떤 보물을 찾았다고 했고, 맞으면 그 즉시 상금을 주게 되자, 모두들 박수를 쳐 축하해 주니 얼마나 흐뭇해들 하는지, 버스 안 분위기가 180도 바뀌게 된 게야.

이렇게 해서 비수 여행은 웃음이 가득한 즐거운 여행으로 변했으니, 지금 와 생각해 보면 오대산 월정사가 다름 아닌 차령산맥의 뿌리이고, 그 당시 미수 주인공이신 신대교 아버지가 바로 차령산맥의 꽃술 출신이라는 걸 미루어 본다면, 그때 월정사로 코스를 바꾼 게 신의 한 수가 아니었을까.

아무튼 걱정하던 분위기는 바뀌어 다행이지만, 이것만으로는 아무래도 부족할 것 같아 고안해 낸 게, 주인공 함자 신대교 세 글자로 삼행시를 지어 드리는 게 좋겠다 싶어 바로 실행에 옮긴 게지.

그냥 하라고 하면 잘 안 될 것 같아 7쌍한테 의무적으로 한 수 이상을 내어 놓으라고 했지만, 왜 그리도 자신이 없는지 쭈빗쭈빗하면서 하질 못해 간신히 얻어 낸 것 중에 쓸만한 것 다섯 수를 소개하자면.

辛 신명 나게 살아오신 팔십평생
大 대단한 일가 이루셨으니
敎 교차 되는 만감이 왜 아니 없으랴

辛 신비롭고
大 대단하신 분 누구일까요
敎 함자의 마지막 글자가 교자이신 저의 아버님이십니다

辛 신들린 사람처럼 평생 일만 하시고 사신 우리 아버지
大 대소가에 도포 노릇하며 공덕도 많이 쌓으셨지
敎 교육자가 따로 있나 이런 분이 참다운 교육자일세

辛 신바람나게 한평생을 멋지게 사신 우리 아버지
大 대소가 챙겨 큰일도 많이 하셨지
敎 교만함을 모르는 겸손한 인품 만인이 우러러 보는구나

辛 신세대와도 같이 어울릴 수 있는 우리 외삼촌
大 대단한 분이십니다
敎 교통순경과 같이 모든 교통정리를 잘도 하십니다

이렇게 나온 심행시를 하나하나 친친히 낭송해 드리자 주인공이신 아버지께서는 너희들이 나를 이렇게 생각해

줄 줄은 미처 몰랐다 하시면서 눈물을 흘리시는 게 아니신가.

그러시면서 그 삼행시를 나에게 달라고까지 하시는 게야, 이거 하나만으로도 이번 미수 여행은 성공한 것이라 얼마나 뿌듯한지 참으로 흐뭇한 아이디어였지.

이렇게 해서 월정사에서 삼척으로 이동 넓고 물도 많은 환선동굴을 관람하고, 울진의 소금강이라고도 불리어지는 15km의 물 암석 수목이 조화를 이룬 명승지 불영佛影계곡을 지나, 천축산 기슭에 있는 불영사佛影寺에 도착한 것은 어둠이 깔린 저녁 무렵이었어.

불영사는 신라 의상 대사가 창건한 사찰로 대웅전에 보존되어 있는 보물인 영상회상도가 유명하고, 어둑어둑했지만 주위 경관이 빼어나게 아름다웠지.

예정에 없던 월정사 관광을 하다 보니, 너무 시간에 쫓

기어 급히 서둘러 다녔지만, 미수이신 아버지는 어찌나 빨리 다니시는지 마치 오륙십 대 같으셨으며, 피로한 기색도 없으셨어.

그래서 첫날 투숙할 백암온천 호텔에 도착한 건 오후 8시가 넘어서였고, 저녁 식사를 마친 후 온천욕을 하고 하룻밤을 잔 게야.

둘째 날도 스케줄이 빡빡해서 아침 일찍 식사를 마치고 안동으로 떠난 거야.

처음 들른 곳은 엘리자베스 여왕이 들러 간 봉정사였는데, 신라 문무왕 때 건립한 천년 고찰 봉정사는 세계문화유산으로 유네스코에 등재된 문화재이며, 극락전은 한국에서 가장 오래된 목조건물이고, 대웅전도 국보이며 곳곳에 문화재들이 많은 아담하고 예쁜 절이지.

다음으로 간 곳은 하회河回 마을이야. 왜란을 예견하고

권율 장군과 이순신 장군을 기용해, 임진왜란 당시 나라를 지켜 낸 정승 중의 정승 서애 류성룡 선생이 태어나고 징비록을 쓰고 간 마을인데, 낙동강 물이 마을을 S자 모양으로 휘돌아 간다 해서 생긴 마을 이름이지.

이 마을에는 풍산 류씨만 사는 집성촌으로, 기와집이 대부분이고 초가집이 잘 어울려 있는 예전 마을 그대로 보존되어 있는 귀중한 문화유산이야.

거기다 안동 하회탈이 유명하고, 하회별신굿탈놀이는 중요무형문화재이지.

전해 오는 얘기 하나는 류성룡 대감의 숙부 한 사람이 늘 바보처럼 행동을 해서 류 대감도 바보인 줄 알았는데, 임진왜란이 일어나기 전 풍신수길이가 보낸 첩자가 올 줄 미리 알고 기다렸다가, 혼내 주어 안동지방은 피해를 면하게 되었다는 이인異人 얘기도 있어.

예정에는 없었지만 여기까지 와서 퇴계 이황 선생의 가르침이 남아 있는 곳 한국정신문화의 성지 도산서원을 지나칠 수 없어 허둥지둥 달려가 둘러보니, 모두들 만족해 하는 표정이었지.

이러다 보니 둘째 날도 저녁 무렵이 되어서나 경주 온천장 호텔에 짐을 풀 수 있었지.

셋째 날은 경주 관광이라 새벽같이 일어나 석굴암에 도착해 해가 뜨는 걸 구경하고, 불국사 관람을 한 게야.

잘 알려진 사실이지만 석굴암과 불국사는 세계 문화유산으로, 석굴암 조각과 불국사의 다보탑 석가탑은 동북아시아 고대 불교 예술의 최고 걸작품으로 꼽히는 우리나라 국보이기도 하며, 신라의 재상 김대성이 효심이 지극하여 부모를 기리며 세웠다지.

다음 찾은 곳은 신라 왕들의 무덤이 몰려 있는 대릉원

엘 가서 천마도, 금관, 금모 등 국보와 만여 점의 부장품이 발견된 신라 22대 지증왕의 능으로 추정되는 천마총을 관람하며, 무덤의 중요성을 다시 인식하는 계기가 되었어.

점심을 먹고 간 곳은 우리나라 3대 사찰의 하나인 양산 통도사로 방향을 잡았지. 통도사는 부처님 사리를 모셨다 해서 불보사찰이고, 합천 해인사는 8만 대장경을 모셨다 해서 법보사찰이고, 순천 송광사는 고승을 모셨다 해서 승보사찰이며, 통도사는 대한불교 조계종 제15교구 본사이지.

통도사 경내가 어찌나 넓은지 자장율사가 중국에서 가져온 부처님 사리와 가사가 보존된 대웅전 뒤편 금강계단을 비롯해 중요 건물을 대충대충 관람하고, 만불사를 거쳐 소원을 들어 준다는 영천 돌할매로 발길을 옮겼어.

무게가 약 10kg 정도의 알 모양으로 동그랗게 생긴 화강암인데, 아무 생각 없이 들면 잘 들리는데, 소원을 비는 사람의 주소, 이름, 나이를 말하고, 소원을 빈 후에 들었을 때 들리지 않으면, 돌할매가 소원을 들어 주어 그 소원이 이루어진다는 신기한 돌할매인 게야.

설마 그럴 리가 하는 생각으로 시도해 본 결과, 아무 생각없이 들었을 때는 번쩍 들렸는데, 소원을 빌고 나서 들려고 하니 꼼짝달싹도 안 하는 게지 뭐야.

그러니 소원이 이루어진다는 생각에 얼마나 기쁜지 야호! 야호!를 연신 하며, 쌓였던 여행 피로가 싹 가시는 묘한 체험을 하였어.

그리고 나서 서둘러 팔공산에 있는 한 가지 소원은 꼭 들어 준다는 저 유명한 기도처인 갓바위로 달렸지.

길이 가팔라 젊은이들도 헉헉내며 40분 정도 올라가야 하는 길이라, 미리 아버지께 말씀을 드려 버스 안에 계시면 올라갔다 내려오겠노라고 양해를 구하고 부지런히 올라가 갓바위에 기도를 하고 있자니 아버지께서 올라오신 게 아니야.

모두들 놀랄 수밖에, 아무튼 대단한 체력을 가지신 분임을 새삼 알게 되었어.

이날 점심에는 메기 매운탕을 맛있게 들었고, 저녁에는 푸짐한 불고기 파티를 벌여 화기애애하게 떠들고 웃으면서, 모두들 배가 터지도록 먹었으니, 즐거운 여행을 마음껏 누리는 시간이 되었고, 그리고 나서 대구에 있는 호텔에 투숙해 하루의 피로를 풀 수 있었지.

넷째 날은 팔공산 동화사를 가면서 들려준 얘기로는, 고려를 세운 왕건이 여기서 후백제 견훤과 싸우다가 포위를 당해 꼼짝없이 죽게 되었는데, 부하 신숭겸이 왕건의 옷으로 바꿔 입고 달아나다가, 견훤이 급히 추격해 죽이는 바람에 왕건은 피신해 목숨을 부지하고, 신숭겸은 역사에 길이 남는 평산 신씨의 자랑스러운 시조가 된 게지.

동화사는 대한불교조계종 제9교구 본사이며, 천오백여 년 전 신라 시대에 창건한 사찰로, 임진왜란 때는 사명 대사가 이끄는 승군의 지휘본부로 사용한 절이야.

한편 1992년도에 세운 통일약사대불은 높이가 33m나 되며, 국민 안녕과 민족 통일을 기원하고 있는데, 특이한 건 노태우 대통령을 모델로 한 듯 똑 닮아 재미있었지.

서둘러 대구를 떠나 합천 해인사로 달리며, 한 얘기는 많고도 많아. 해인사는 대한불교조계종 제12교구 본사로, 세계 문화유산인 8만 대장경이 있는 우리나라 3대 사찰의 하나인 법보사찰이며, 국보 3점을 비롯해 여러 개의 보물이 있는 사찰이라는 점.

또한 6.25 전쟁 당시 김영환 공군대령은 8만 대장경을 보호하기 위하여, 해인사를 폭격하라는 UN군의 명령을 따르지 않았다는 일화는 유명하지.

해인사 하면 떠오르는 게 성철 스님이 아닐 수 없으며, 스님의 부도탑은 조형미가 일품이야.

다음으로 달려간 곳은 대한불교조계종 제8교구 본사인, 경북 김천시 황악산에 위치한 직지사였어.

직지사라는 이름은 절을 지을 때 자를 쓰지 않고 손가락으로 재어 붙여졌다는 설이 있고, 저 유명한 사명 대사가 출가한 사찰로서 천왕문 옆에 반듯한 바윗돌이 하나 있는데, 그의 스승 신묵 대사가 참선 도중 꿈에 황룡이 천왕문 은행나무에 서려 있어 나가 보니 한 소년이 그 은행나무 아래 바윗돌 위에 잠들어 있었고, 그가 바로 훗날 사명 대사가 되었다는 일화가 전해 내려오지.

이러다 보니 넷째 날도 저물어 가고 있었으며, 저녁을

먹고 부랴부랴 서울로 달려 도착한 시간은 어둑어둑한 저녁 무렵이라 출발 지점인 파고다 공원에서 해산하고, 우리는 짐이 있어 수유리까지 오게 되니, 정말 3박 4일을 알차게 돌아다녔다는 뿌듯한 기분이 들 수밖에.

미수米壽 지난 농부 생활 한 토막

미수까지 넘기셨으니 웬만하면 효자 효부인 오빠 언니 밥 얻어 잡수시며, 편히 사실만도 한데 아직도 건강하시고 의욕이 넘치시어, 이곳 생활을 고집하시는 걸 보자면 좀 딱하다는 생각이 들곤 했지.

그러자니 늘 아침 일찍 일어나시면 운동하시고, 아침 진지 잡수시고 밭에 나가 농사일하시다가, 아들딸이 오는 날이면 쉬시는 날이 된 게야.

효자인 범현 오빠 내외는 거의 매주 반찬을 장만해 언니가 운전하고 와서, 점심은 예산 읍내로 모시고 가 불고기 등 좋아하시는 요리로 대접을 하고, 둘째 아들 영현이는 가끔씩 형 차에 편승해 오던지, 처가에 왔다가 들르고, 셋째 아들 삼현이는 사업하느라 아주 가끔씩 오는 편이었지.

시집간 외동딸 정현이는 아주아주 가끔씩 남편이 운전하는 차로 오곤 했고, 자주 찾아뵙지 못해 미안하니까 간식거리를 떨어지지 않도록 사서 보내곤 했어.

그러던 어느 날 작심을 했는지, 전에 직장에서 쓰던 운전기사를 데리고 나타난 게야. 아버지께 큰절을 올린 후 옆 산에 모신 어머니 산소에 장만해 온 주과포를 올리고 배례하고 내려온 다음 아버지를 모시고 근처 관광을 떠난 게지.

그간 수도 없이 일본이고, 중국이고, 태국이고 간에 해

외 관광을 모시겠다 해도 절대로 안 가시겠다고 고집을 부리시고, 국내 관광 역시 거절하시는 터라 하루 예산 일대 관광이라도 시켜 드리려고 온 모양이야.

첫 번째로 간 곳이 대한불교조계종 5대 총림 가운데 하나이며 제7교구 본사이기도 한 수덕사로 갔지.

수덕사는 예산군 덕산면 덕숭산 중턱에 자리 잡은 유일한 백제 사찰이며, 선불교의 요람으로 경허 대선사가 선풍을 크게 일으켰고, 저 유명한 만공 스님, 한암 스님 등 많은 제자를 길러 낸 절이야.

4월이라 꽃이 만발한 경내를 걸으며, 여긴 몇 번이나 오셨냐고 여쭈어보니, 밖에 지나친 적은 있지만 이렇게 들어와 본 건 처음이라 하시니 깜짝 놀랄 수밖에.

참 그동안 공부하랴, 일하랴, 주위 보살피랴 구경 다니실 시간 없이 너무 열심히 사셨다는 걸 알았지.

경내가 넓어 여기저기 둘러보고 나오니 점심때라 홍성읍에서 가장 잘한다는 갈비집엘 들러 천천히 많이많이 드시라고 권했더니, 젊은 사람보다 거의 배 정도는 거뜬히 드시는 게 아닌가.

그리고 두 번째로는 덕산면 상가리에 위치한 흥선대원군의 아버지인 남연군 묘를 구경하러 갔지. 대원군 이하응이 풍수지리설에 따라 2대에 걸쳐 천자가 나올 자리라는 말을 듣고, 원래 가야사라는 절이 있는 이곳에 절을 불태우고, 연천에 있던 자기 아버지 남연군 묘를 이장한지 7년 후에 차남 명복이를 낳았는데 그가 12세에 철종의 뒤를 이어 고종이 된 게야.

그 당시 이하응은 노론 세력의 관심에서 벗어나려고, 일부러 파락호 행세를 하던 때라, 자기 자손 중에 천자가 나올 가능성은 전혀 없는 상태였는데, 한 가닥 꿈을 갖고 아버지 묘를 이장해 뜻을 이루었으니, 풍수지리설을 어찌 무시만 할 수 있으랴.

세 번째로 간 곳은 서산시 해미면에 있는 해미읍성을 보러 간 게야. 조선 말기 천주교 박해 당시, 천여 명의 천주교 신자들이 순교 당한 천주교 성지이기도 하지.

태종이 왜구의 침략을 막을 목적으로 축성하여, 충청 병마절도사영을 두었고, 효종이 병마절도사를 청주로 이전하면서 해미읍성이 된 게야.

성벽 높이는 5m이고, 길이는 1,800m이며 성벽 밖에는 해자를 판 평지에 타원형으로 지은 아름다운 성이었어.

네 번째로 간 곳은 서산시 운산면 용현리에 있는 우리나라 국보이고, 가야산 절벽에 새겨진 백제 후기의 서산 마애삼존불이야.

이 삼존상은 〈법화경〉의 석가불, 미륵보살, 제화갈라보살인 수기삼존불로서, 백제 시대에 법화경 사상이 유행했다는 증거이지.

머리에는 장식이 없고, 정수리가 불룩 솟아올랐고, 부처의 두 눈썹 사이에는 구멍이 있으며, 직사각형에 가까운 얼굴에, 눈썹은 초승달 모양이고, 입가엔 살짝 미소를 띤 것이 걸작이며, 이 서산마애불의 발견으로, 금동미륵반가상이나 일본 법륭사의 목조 반가사유상, 호류지의 백제 관음 등이 백제계 불상이라는 게 확실히 증명되는 계기가 된 게야.

이 국보를 관람하시면서 이렇게 훌륭한 걸작품이 예산 근처에 있다는 걸 처음으로 아셨다면서 기뻐하시는 걸 목격하고, 오늘 참 잘 모시고 왔다는 생각에 뿌듯한 마음이 들었지.

다섯 번째로 찾아간 곳은 조선 후기 대표적인 실학자이지 서예가이며, 금석학자, 고증학자, 화가이신 추사 김정희 선생의 옛 집이야.

호가 무려 503개나 되고, 한국과 중국의 옛 비문을 보고 만든 추사체는 우리나라뿐만 아니라 중국에서도 알아주는 서예체이지. 또한 난초를 잘 그린 것으로도 유명하지.

예산 김정희 선생 고택은 충남 유형문화재로 지정되어 있는데, 건물 전체가 동서로 길게 배치되어 있고, 안채는 서쪽에 있고 사랑채는 동쪽에 있지.

사랑채는 ㄱ자형, 안채는 ㅁ자형으로 배치되어 있고, 대청은 동쪽을 향하고 있고, 안방과 부속 건물들은 북쪽을 차지하고 있는 것이 특징이었어.

김정희 집안의 당색은 노론이었지만 남인의 정약용과는 친분이 두터웠으니 정치가보다는 예술가로서 평생을 살았던 게지.

추사 고택 관람을 마치자 저녁때가 되었는데, 점심에

어찌나 갈비로 포식을 했던지 저녁 먹을 생각이 조금도 없어, 인사말로 "아버지 저녁 식사하셔야죠" 라고 딸이 운을 띄우자 "그래 간단히 하자" 라고 하시는 게야.

우리들은 속으로 놀라면서도 이번엔 소불고기 집으로 안내했는데, 우리는 먹는 시늉만 하는데 어찌나 맛있게 잘도 잡수시는지, 그냥 떠나왔으면 큰 실수를 저지를 뻔 했다고 돌아오는 길에 얘길 했어.

아무튼 저렇게 잘 잡수시고, 잘 소화 시키시고, 잘 주무시고, 잘 뛰어다니시니 100세는 훨씬 넘겨 사시리라는 얘길 나누며 밤늦게 서울에 도착하면서, 오랜만에 딸도 효도 한 번 했다는 흐뭇함을 맛보았다네.

이 무렵에는 아버지 명의의 남은 재산은 다 정리가 되어, 자식들에게 나누어 주시고 당신이 쓸 돈을 조금 남기신 모양인데, 오죽 욕심이 없으시면 생활비가 보자랄 성도라, 자녀들이 매달 일정액을 정하여 송금해 드리는 돈으로 생활비 충당을 하셨으니, 참으로 청렴결백하게 사시면서 당신의 노후대책은 생각지도 않으신 삶을 사신 게야.

그러니까 당신 자신을 위하여는 한 푼도 아끼시면서, 평생 번 돈은 주위에 모두 나누어 주시어, 생활비가 모자랄 정도가 되었으니, 어찌 보면 안타까운 마음을 금할 수 없지.

제 4 부

아버지의 뒷모습

신대교 아버지의 마지막 뒷모습

2007년 1월 28일 일요일 아침, 아주 아주 이상한 기분이 드는 날이었지.

아무리 추운 겨울이라 할지라도 새벽같이 일어나셔서 운동도 하시고 냉수마찰도 하시던 분이신데, 엊저녁 잡수신 게 얹히셨는지 밤새 이리 뒤척 저리 뒤척 하시면서 밤잠을 설치시더니, 영 일어나실 생각을 안 하시는 거야.

엊저녁에는 내일은 종친회가 열리는 날이라 일찍 일어

나야지 하고 주무셨으니 어지간하면 벌써 일어나실 분인데, 아무래도 몸이 불편하셔서 안 가시려나 하고 바라보고만 있노라니 9시가 넘어서야 겨우 일어나시더니만 아침진지도 거르시고, 주섬주섬 옷을 챙겨 입으시면서 하시는 말씀.

아무리 피곤해도 오늘 종친회엔 꼭 참석해서 일을 잘못한 것을 따끔하게 혼내주어야겠다고 중얼중얼하시며, 현관문을 간신히 여시고 문밖으로 나가시는 뒷모습이 너무 쓸쓸해 보였어.

그도 그럴 것이 지금 와 돌이켜 보면, 그게 마지막 길인데 이곳에서 한일합방으로 나라를 빼앗긴 비운의 시기에 태어나셔서, 어린 시절을 보내시고 왜정 소학교를 마치신 다음, 서울에 있는 선린상업학교로 진학할 때까지 17년간 사시고, 학창 시절이나 직장 생활이나 틈만 나면 내려와 웃어른들을 찾아뵙기도 하고, 성묘도 하시고 편히 쉬시다 가시던 고향이니 이보다 더 정든 곳이 어디 있으랴.

거기다 사회에서 크게 성공을 하셔서, 종업원이 6,000명이나 되는 대성목재 전무공장장을 오랫동안 하시면서, 예산은 물론 공주, 홍성, 서산, 당진 등 주위의 시골 농촌 청년들 1,000여 명을 취직시켜 주시는 큰일을 하셨으니 어찌 감회가 깊지 않으리오.

또한 회사를 은퇴하신 후로는 낙향하시어 어언 15여 년 동안 생전 안 하시던 노년 농부 생활을 하셨으니 더욱 말해 무엇하겠는가.

비틀비틀 한 걸음 한 걸음 무거운 발걸음을 옮기시다 뒤돌아보시고 옮기시다 뒤돌아보시기를 수차례 하시는 걸 보면서, 저게 마지막 모습이 아니시길 간절히 기도하고 기도했는데 너무너무 슬퍼.

그래도 아주아주 다행인 것은 불편하신 걸 무릅쓰고

숯골에서 버스를 잡아타시고 피로한 몸을 이끄시면서 예산읍 내 종친회 사무실엘 나가셨고, 마침 거기엔 장남 범현 오빠가 서울에서 내려와 참석했기에 망정이지 까딱 잘못했으면 두고두고 후회막급한 일이 벌어질 뻔한 게야.

정해진 시간이 훨씬 지나 안 오시나 했는데, 나타나시더니만 일을 잘못 처리해 종친회 돈을 낭비했다고 호통을 치시더니, 종친회를 마치고 점심 식사하러 가시려는데, 혼자 걷질 못하셔서 오빠가 부축해 간신히 가긴 갔으나 전혀 잡수시질 못하시는 게 아닌가.

그러시더니 점점 기력이 떨어지셔서 부랴부랴 근처 병원엘 가 X-RAY 촬영을 해 본 결과 뇌출혈 판정을 받았고, 이때는 이미 혼수 상태라 실질적인 운명은 마친 상태이고 보면, 효자는 하늘이 낸다고 범현 오빠가 유일한 운명 자식이 된 게지.

그래도 그때까지는 뇌출혈 수술을 빨리하면 소생할 수 있으리라는 희망을 가지고, 서울 의대를 나와 경희대 의대 교수로 있는 둘째 아들 영현이의 맏사위 안태범 교수에게 급히 부탁을 해, 서울대 앰뷸런스를 불러 서울대병원에 입원시켜, 수술을 받으셨지만 영영 식물인간이 되시고 만 게야.

지금 돌이켜 보면 가장 후회되는 일이 워낙 건강하시다 보니 병원엘 가실 일이 없으셨지만, 강제로라도 모시고 가 건강검진을 받으셨다면 뇌출혈 예방이 가능하지 않았을까 하는 안타까움이 있지.

뇌출혈만 아니셨다면 체력은 100세는 훨씬 넘어 사실 분이신데, 지금 같은 건강검진 제도가 없던 시대인지라 아무리 안 가신다고 고집을 부리신다 해도, 자식들이 좀 더 신경을 썼어야 했던 게 아닌가 하는 생각을 떨칠 수 없어.

또 한 가지는 살아생전 정신이 있을 때 말이나 글로 “세무 처리 등 필요할 경우가 아니라면, 식물인간이 되어 연명치료를 하는 일은 절대로 하지 말아라” 라는 유언을 남겨 놓으시지 않아 서울대병원에서 퇴원해 요양병원까지 가셔서 오랫동안 고생하는 일이 되었다는 점이야.

쓰러지신 후 생물학적 운명을 하시기까지 무려 8개월도 넘는 257일이라는 길고 긴 날을 연명치료를 하셨다는 건 아무래도 잘못된 일이며, 이 판단은 자손이 결정하기에는 너무 어려운 일이므로 돌아가실 분이 반드시 유언으로 남겨 놓아야 할 일이라는 점이지.

아무튼 복이 많으신 분답게 요양병원이라 가끔씩 자손들이 병문안을 오는데, 생물학적 운명을 하시기 3분 전 딸과 사위가 다녀간 다음, 마침 둘째 외손녀 한지영 내외가 문안을 온 시간에 운명을 하시는 기적적인 일이 벌어졌으니, 침으로 좋은 일을 많이 하셔서 서넌 복을 타고나셨구나 하는 생각이 들 수밖에.

이렇게 해서 시신은 서울대병원 영안실로 모셨고, 성대히 조문을 받은 다음 3일째 되는 10월 13일 토요일 장례차 리무진을 타시고 예산 숯골 고향 선산 홍을표 어머니 곁에 묻히셨으니, 극락왕생을 빌고 빌 따름이야.

장례를 무사히 마친 다음 서울로 와 딸이 단골로 다니는 수유리 화계사에 모시고 칠칠일 일주일마다 일곱 번 재를 올리고, 49재를 지내 드렸으니 먼저 가신 홍을표 어머니와 극락세계에서 만나시길 간절히 바라는 바이지.

그리고 이승에서는 일만 하고 주위 사람 보살피시느라 맛있는 것도 못 잡수시고, 해외여행도 못 하셨으니 저승에서는 두 분이 손 꼭 잡으시고, 극락세계 곳곳을 두루두루 관광 다니시면서 맛난 음식도 많이많이 드시고 행복하시기를 두 손 모아 기원할 따름이라오.

제 5 부

두 분 자손들

두 분 떠나신 후 자손들의 삶

아버지께서 늘 입버릇처럼 하시던 "가정이 있어야, 사회가 있고, 사회가 있어야, 국가가 있다."는 말씀을 잘 새겨들은 자손들, 어김없이 잘 실천하여, 결혼을 안 하는 싱글이 하나도 없으며 가정의 영속성은 자식이 있어야 한다는 것도 잘 알아, 누구 하나 자식을 낳지 않는 자손이 하나도 없으니, 가훈에서 강조하는 효도와 충성을 할 수 있는 기본이 잘 이루어져 있는 게야.

또한 어머니께서 늘 딸들에게 강조하시던, "너 하나 참으면 가정이 편안하다" "여자는 시집을 가면 그 집안을 일으켜야 한다"는 두 말씀을 잘 새겨들은 딸들 하나같이 실천하여, 시집간 집안을 화목하고, 활기가 넘치며, 자식들 교육도 잘 시켜, 모범 가정을 만들어 가고 있지.

그리하여 현재 두 분의 슬하에는 자손이 52명에 달하고 있으니, 요즘 세상에 참으로 번창한 집안을 이루었다 할 수 있어.

숫자가 많은 것도 중요하지만, 백 마디의 말보다 솔선수범이 중요한데, 두 분이 평생을 쉬지 않으시고 최선의 노력을 하시며 사신 모범이 고스란히 자손들에게 전승되어, 하나같이 열심히 살아가고 있는 좋은 모습을 보고 있노라면 참으로 대견하다는 마음이 들지.

그러면 이제부터 자손들이 어떻게 살아가고 있는가를 분야별로 나누어 살펴본다면,

■ 산업 분야

전직 상장사 임원(가나다순)

중앙염색가공(주)	대표이사 사장
㈜ 협진양행	대표이사 사장
㈜ 동부제강	이사 부사장
㈜ 경흥공업	상무이사

현직 상장사 임원(가나다순)

㈜ 제이청	대표이사 사장
㈜ 테이즈	대표이사 사장
㈜ 현대자동차	상무이사

기술사(가나다순)

기계기술사 소음진동 분야

섬유기술사 염색가공 분야

■ 학문 분야

대학교수(가나다순)

경북대학교 공대 교수

경희대학교 의대 교수

명지대학교 법대 교수

연세대학교 공대 교수

연세대학교 상경대 교수

아주대학교 로스쿨 교수

울산대학교 공대 교수

박사 학위

미국대학교(가나다순)

Calteche 공대 공학 박사

Harvard 대학교 경제학 박사

Massachusetts 주립대 공학 박사

국내대학교(가나다순)

서울대학교 공대 공학 박사(기계)

서울대학교 공대 공학 박사(전기)

서울대학교 법대 법학 박사

서울대학교 의대 의학 박사

카이스대학교 공대 공학 박사

연구원

독일 보쉬회사 샌프란시스코연구실 책임연구원

■ 법조 분야

변호사

국제변호사

■ 의약 분야

의사

신경내과 의사

치과 의사

약사 2명

■ 문학 · 예술 분야

시인

작가

조각가

화가

의상 디자이너

가야금 연주자

■ 기타 분야

번역가

통역가

정원사

원예치료사

도시농업관리사

등등 각 분야에서 최선의 노력을 아끼지 않고 있으니, 머지않아 나라에 이바지하고, 인류에 공헌할 인재가 나오리라 믿는 바이야.

또 한 가지 빼어 놓을 수 없는 것은 가훈에도 있지만 정의롭게 살아야 한다는 점인데, 아버지께서 툭 하면 자랑삼아 하시던 말씀이 왜정시대 회사에서 일본 사람이 정의롭지 못한 언행을 하고, 지적해도 듣지 않아 "쎈도보(전투모의 일본말)를 내던지고 나왔다"고 하시듯, 매사에 정의롭게 사시던 분이라 자손들도 본받아 불의를 저지르지 않고 살아가니 자손 중에는 누구 하나 범죄를 저지르는 사람이 없는 깨끗한 삶을 살아가고 있지.

이뿐만 아니라 항상 겸손하시고, 다른 사람들과 화목하게 지내다 보니, 어려운 왜정시대 해방정국 6.25 전쟁을 겪어 오시면서도 보도연맹 한 사람도 없는 깨끗한 집안을 이루어, 밀고 밀리는 급박한 상황에서도, 한 사람도 참변을 당하지 않는 집안을 유지해 왔다는 것은 아주 어렵고 훌륭한 일로 평가받을 만한 일이며, 자손들도 본받고 있으니 아무리 난세가 닥쳐온다 해도 잘 극복하는 집안이 되리라 믿는 바이야.

이럭저럭하다 보니 신대교 아버지 홍을표 어머니의 회고담도 여기서 끝맺음을 할 때가 된 것 같아.

여러 가지 비흡한 점이 있을 테지만, 널리 양해해 주시길 바라는 바일 뿐.

제 6 부

추모의 글

해군 제독 고종 여운길 오빠의 글

나 여운길은 1936년 경기도 용인군 이동면 화산리에서, 아버지 여덕현 씨 어머니 신필교 씨 사이에서, 4남 4녀의 둘째 아들로 태어났다.

아버지 직장이 경기도 평택군 오성면 안중리에 있어서, 고향 용인에서 안중으로 이사를 해, 형과 나는 초등학교를 다녔다.

안중에서 아버지께서는 마을 이장에 술도가를 하시어

우리 8남매(남자 4, 여자 4)는 풍족한 생활을 하였다.

6.25가 나기 전 1950년 초에는 형과 나는 서울에 사시는 작은아버지 댁에 유학을 가서, 형은 한성중학교 4학년, 나는 서울중학교 2학년에 다니다가, 6.25사변이 발발하여 형은 의용군으로 끌려가고, 나는 하루에 90리 길을 걸어서 이틀 만에 안중 집에 도착했다.

안중은 고향 집성촌도 아닌 타관인 데다가, 남들보다 부유했고 이장 감투까지 썼던 터라, 완장 찬 바닥 빨갱이들의 표적이 되기에 딱 좋다 보니 아버지는 수원교도소로 끌려가고 말았다.

더군다나 이 평택 안중 일대는 남로당 두목 박헌영의 주 활동무대였으니, 다시 말해 빨갱이의 소굴이었으니 말해 무엇하겠는가.

이때까지만 해도 큰 어려움은 없었으니, 부자가 망해

도 3년은 간다고, 농촌에 장리쌀을 놓았던 것도 있었고, 쌀눈과 쌀 알갱이가 듬뿍 들어 있는 쌀 등겨도 몇십 가마씩이나 있었으며, 닭도 몇십 마리씩 기르고 있었으니, 당장 먹고 사는 데는 괜찮은 편이었다.

9.28 수복이 되자 아버지는 피골이 상접한 몰골이 되시어 풀려나셨다.

형은 인민군과 남하하다 북상하는 국군을 만나 괴산지역에서 국군에 편입하여 국군병으로 서울 수복 후 제대하였다.

형은 제대 후 서울대병원 자리에 있던 미 공군사령부에 취직해, 한성고에서 경동고 3학년에 전학하고, 원남동에 방 하나를 얻어 안중에 있는 나를 상경시켜 서울고 1학년에 복학시켜 주었다.

그러나 아버지가 서서히 건강을 회복하셨지만, 직장이

없고 수입이 없으니 8남매를 먹여 살릴 방안이 없었을 수밖에.

이런 상황에 이르자, 아마도 어머니께서 인천에 사시는 동생인 작은 외삼촌한테 죽기 살기로 애원하신 모양이다.

그렇다고 10식구나 되는 대가족을 어느 형제가 맡겠습니까. 더군다나 난리 통에 말입니다.

잠깐 외가를 소개하면, 첫째 둘째 외삼촌 큰이모는 돌아가셨고, 셋째 외삼촌(신성교), 어머니(신필교), 넷째 외삼촌(신대교)만 생존해 계신데, 넷째 외삼촌이 대성목재 전무님으로 계신 터라, 비빌 수 있는 언덕이 여기밖에 없었던 것입니다.

그러나 외숙부님이 시시는 화평동 기와집은 부엌 하나에 방 4개밖에 안되는 집인데, 외사촌도 장남 신범현, 장녀 신정현, 차남 신영현, 삼남 신삼현 4남매이고, 다른 식구도 있었던 터라 우리가 여동생이 혼자 쓰고 있던 건넛방을 완전 차지하고, 나와 형은 사랑방에 끼어 사는 형편이 되었으니, 아주 미안했습니다.

이때부터 우리 10식구는 무전취식을 하기로 작정을 했고, 여장부이신 외숙모와 외삼촌 덕분에 생활 터전을 마련하기 시작했습니다.

우선 형은 경동고를 졸업하고 동국대학교로 진학을 했고, 나는 서울고 2학년 때 인천으로 내려와 인천공고 2학년에 진학했다.

나는 3학년 때 집에 조금이라도 보태기 위해 인천 외항에 있던 선박에 올라 검수원 일을 했는데 봉급이 일반 직장의 3배를 받았지만, 수업을 마치고 야간에 하는 일이라, 수업시간에는 늘 졸았다.

다음 해 대학 진학을 해야 하는데, 집안 형편이 그래서 학비가 싼 서울대 섬유과를 시험 봤으나 보기 좋게 낙방했다. 우리 과 1등 한 황철수는 합격, 2등 한 나는 낙방.

나는 고민하기 시작했다. 동생들이 줄줄이 대학을 가야 하는데, 내가 만약 대학을 가게 되면 동생들이 나 때문에 대학을 포기할 수밖에 없다.

그래서 결심한 것이 사관학교로 가기로 결심 1956년 해군사관학교에 합격해 1960년 소위로 임관, 인생 역전을 한 거다

빈틈없고 꼼꼼한 외삼촌과 여장부 외숙모께서 생활 터전을 마련해 주신 것은 다름 아닌 새끼 꼬는 기계 2대를 사 주셔서 빈 터에서 새끼 꼬는 공장을 시작하게 해 주신 거다.

아버지와 어머니께서 열심히 공장을 운영하셔서 새끼

꼬는 기계를 한 대 두 대 더 사시더니 무려 10대까지 증설하게 되었고.

외삼촌 외숙모가 인천 화수동에 마련해 주신 약 250평쯤 되는 곳에 부엌 하나 방 두 개 되는 집을 지을 수 있었고, 옆에는 새끼 꼬는 공장을 짓게 되어 그럭저럭 밥은 먹고 살 수 있었다.

이렇게 해서 우리 집 10식구의 위기를 극복할 수 있었으니, 어찌 외삼촌과 외숙모의 깊은 은혜를 잊을 수 있겠는가.

당연히 두 분은 극락왕생하셨을 거라고 믿는 바이지만, 다시 한번 두 분의 극락왕생을 기원하면서 두 손 모아 합장 올리나이다.

2023. 4. 5

생질 여운길 올림

사촌 동생 연합철강(주) 전무이사 신계현의 글

내가 태어나서 처음 숙부님 댁에 갔던 것은 초등학교 5학년 겨울방학 때였다.

아버님이 나를 데리고 가셨던 것이다. 예산에서 천안까지는 장항선 기차를 타고, 천안에서 영등포까지는 경부선 기차로, 영등포에서 동인천까지는 경인선 기차를 타고 갔다. 영등포역에 내려 기차를 기다리는 동안 대합실 밖에서 지나가고 있는 자동차를 보니 시골과 달리 너무 많았던 것이 신기하여 멍하니 구경만 했다.

숙부님 댁에 도착한 것은 밤이었다. 숙모님과 정현 누나가 반갑게 맞아주셨다. 정현 누나는 "셋째아버지 오셨어요" 하고 인사 하는 것이 정겹게 들렸다.

이튿날 숙모님께서 함께 시장에 가자고 하셔서 따라나섰다. 신발 가게에 들러 보온 신발을 사 주셨는데 왜 그렇게 기분이 좋았는지.

그때까지만 해도 초등학교 다닐 때는 검정 고무신만 신고 다녔는데 보온 신발을 처음 신으니 기분이 좋을 수밖에. 숙모님께서 사 주신 보온 신발은 학교 다닐 때만 신고 다녔다.

중학교 3학년 말쯤에 숙모님 혼자서 예산 집에 내려오셨다. 어떻게 오셨는지 아버님께 여쭈어 보았더니, 아버님 말씀은 네 고등학교 진학문제 때문에 내려오셨다고 하시며, 우리 집 형편이 어려우니 너를 공고에 보내서 기술을 익혀 졸업 후 바로 식상 생활을 하는 쪽으로 말씀하셨다고 하시면서 네 생각은 어떠냐고 물으셨다. 나는 대학을 꼭 가고 싶으니 인문계 고등학교에 진학하고 싶다고 말씀드렸다.

그 시기에 아버님께서는 숙부님의 보세창고 관리인으로 계셨기 때문에 인천에 있는 인문계 고등학교에 진학하기로 하고 입학시험을 보기 위해 인천 숙부님 댁으로 일찍 올라갔다.

나는 중 2, 중 3 때 신경쇠약을 앓고 있었다. 숙모님께서는 나의 신경쇠약 때문에 정신과에 데리고 가셔서 치료를 받게 해 주셨고, 신경쇠약은 몸이 허하기 때문에 생기는 병이라 하시며, 인천 도축장엘 데리고 가셔 금방 잡은 소의 염통에서 나온 피를 먹게까지 해 주셨다. 소 피의 맛은 약간 비리긴 한데 꼭 계란 노른자처럼 고소했다. 거의 한 달 가깝게 소 피를 먹으니 몸이 달라지는 것 같았고, 그 후로는 건강하게 지냈다.

다행히 제물포고에 합격하여 7년 동안이나 숙부님 댁

에서 학교를 다니게 되었다.

숙부님께서는 대성목재 전무이사로 계셨다. 그때는 집안에 누구 괜찮게 산다면 그곳으로 친척 되는 사람, 또는 친척 소개로 여러 사람이 모이게 되어 있었다.

숙부님 댁에도 나를 비롯한 여러 명이 학생으로서, 숙부님이 근무하시는 대성목재에 취직하기 위해서 여러 명이 다녀갔다. 부탁이 오면 하나도 거절 못 하시고 전부 받아 주셨다.

예산 숯골의 둘째 댁 우현, 중현 형님, 셋째 댁 경현, 부현 형님, 영호 조카, 오리못의 갑현, 송현 동생, 영선이 조카, 찬식, 대식 조카, 예산의 영만 조카, 당진의 홍성만, 송탄의 정옥이, 내가 기억하는 이름들이고, 내가 인천에 가기 전에도 많은 사람들이 다녀간 것으로 기억된다.

고등학교 입학금과 대학 입학금은 숙부님께서 부담해 주셨다. 대학 시험은 서울공대와 추가 모집 하는 인하공대도 불합격하여, 할 수 없이 재수를 해야 되겠기에, 입시학원에 등록하고 1주일간 다녔는데, 인하공대에서 추가 합격 통지서가 왔다.

합격 통지서를 받고 1년 재수를 해서 또 서울공대 시험을 봐야 하나, 그냥 입학하여야 하나 망설이다가 숙모님께 알려야 했기에 합격 통지서를 보여 드렸다. 보시더니 기뻐하시면서 바로 그 자리에서 입학금을 주시면서 지금 대학에 가서 등록하라고 말씀하셔서 그날 등록이 되어 인하공대를 다니게 되었다.

지금도 기억하고 있는 것은 숙모님께서 가을 떡을 했을 때는 꼭 대문 앞과 수도 가에서 식구 모두의 건강과 안녕 무사고를 비시던 일과, 내가 고1 때 감기에 걸려 기침이 너무 심하여 기관지염까지 앓았는데, 내가 고생하는 것을 보시고 매일 계란 노른자에 꿀을 타서 먹게 해 주셨다.

그리고 건강에 대하여 늘 강조하시던 것은 밥을 잘 먹어야 하며 "밥이 보약이다. 밥이 보약이다." 하셨는데, 지금 생각해 보면 진짜 옳은 말씀이셨다.

한 번은 용돈이 다 떨어져서 "500원만 빌려 주세요" 하고 말씀드렸더니, 500원을 내 손에 꼭 쥐어 주신 것이 영원히 잊혀지지 않는다.

7년 동안이나 숙부님 숙모님께 은혜를 입어 왔는데 직장 취직한 뒤에도 인천에 있으면 또 두 분께 폐를 끼쳐 드리는 것 같아 나 혼자 연고가 아무도 없는 부산 연합철강에 입사하게 되었다.

그때도 숙모님께서 계현이 경인 지역에 다니게 해야지, 왜 아무도 없는 부산으로 내려가게 하느냐고 숙부님께 어떻게 좀 해 보시라고 하셨다.

거의 비슷한 시기에 오류동에 있는 일신제강에도 응시했다고 말씀드렸더니 숙부님께서 알아보시겠다고 하셨다. 그 이튿날 숙부님께서 부르시길래 갔더니, 일신제강에는 이미 금속과 출신 3명(서울공대 1명, 한양공대 1명, 인하공대 1명)이 연합철강에 입사 확정된 것을 알고, 동종업종끼리 사람 가지고 싸울 수는 없어 3명 모두를 탈락시켰다는 연락받았다고 하시며, 그냥 부산으로 내려가라고 하셨다. 서운해 하시는 숙모님께는 나를 염려해 주시는 것이 너무너무 감사했다.

숙부님께서는 가끔 술을 드시고 늦게 집에 들어오시는 때가 있었다. 술에 취해서서 오시면 공부하고 있는 나를 불러 과거 학창 시절의 이야기, 직장 생활의 이야기를 장황하게 하시면서 "항상 정의는 이긴다"는 말씀을 몇 번이고 하셨다.

워낙 강직하시고 국가관이 뚜렷한 분이셨다. 선거 때는 앞으로 나라 발전을 위해서는 어느 후보를 지지해야 하는지 꼭 말씀하셨고, 박정희 대통령을 절대적으로 지지하셨다.

숙부님 영향 때문인지 나도 정의롭게 살아온 것 같다. 사촌들 모임이 있어 이야기하는 것을 들어 보면 범현이 형님, 영현이 형님, 삼현이 동생 모두 비슷한 사고방식을 갖고 있는 것을 느낄 때가 많았다.

예산에 계실 때 찾아뵈면은 정현이 누나에 대한 칭찬을 자주 하셨다. 특히 자식들 교육에 대한 정현이 누나의 열정에 감동받으신 것 같았다.

대술 집에 가 보면 인천 계실 때 사용하시던 아령이 있어서 지금도 아령체조를 하시느냐고 여쭈어 보면 아침에 일어나서 매일 아령체조를 하신다고 말씀하셨다. 자신의 건강관리를 철저하게 하시는 분이셨다.

삼시 세끼를 손수 차려서 드셨고, 어떤 때 가 뵈면 혼자서 된장찌개와 반찬 두세 가지를 놓고 식사하고 계셨는데, 초고령의 연세에 그렇게 생활하고 계시니 안 되셨구나 하는 마음이 들었다.

다시 숙부님 숙모님을 생각하면 부모님보다도 나에게 더 많은 것을 해 주셨다. 인생의 제일 중요한 시기인 고등학교 3년, 대학교 4년을 돌봐 주셨으니, 만약 두 분의 보살핌이 없었다면, 오늘의 내가 존재하지 않았을 것이다. 어느 누가 조카를 7년씩이나 보살폈겠는가?

두 분 은혜에 보답하는 길은 내 자신이 건강하고, 학생 때는 공부 열심히 하고, 사회생활할 때는 부하직원 동료 상사로부터 신뢰받는 사람이 되는 것이라고 생각하며 지금까지 살아왔다.

한 가지 부족했던 것은 좋은 대학에 갔더라면, 두 분께 조금이나마 보답하는 길이었는데 하는 서운한 생각이 든다.

이 글을 쓰면서 자꾸 숙부님 숙모님 생각이 나네요. 좋은 일 많이 하셨으니 천당에서 잘 계시겠죠.

숙부님 · 숙모님!

감사합니다, 감사합니다.

2023. 2. 4

조카 신계현 올림

아버님 장례 모시는 날 5남매의 글

아버님께 드림!

존경과 사랑을 드리며 부디 영원한 안식을 누리십시오.

떠나시자 이내 그리운 아버님 그동안 우리와 함께하신 모든 시간은 행복하고 감사했습니다.

이제 하늘빛 동심으로 돌아가 하느님과 만나신 하늘나

라에서 그토록 좋아하시던 모든 일들을 이룩하시고 정리하시며 남을 먼저 배려하시고, 집안 대소가를 누구보다도 지극한 관심과 사랑을 베푸셨던 것 접어두시고, 영원한 천상 행복을 누리시옵소서.

지난해 보내 드렸던 신년카드를 보신 후 힘차고 부드럽고 인자하신 음성으로 함박웃음을 지으시고, "야! 너무 칭찬이 많은 것 아니냐, 별로 한 일도 없는데 허! 허!" 이 한마디 말씀은 지난 나의 일평생에서 이렇게 기뻐하신 아버님의 모습을 보지 못한 것으로 생각이 드는군요.

아버님이 안 계신 이 세상은 미리 상상만 해도 너무 쓸쓸하고 허전하여 가슴에 자꾸 찬바람이 불었는데 그런 날이 진정 현실이 된 것인가요.

이젠 멀리 하늘나라로 떠나신 건가요. 어쩌다 아버님과 의견 충돌이 일어나면 농심으로 돌아가신 순수한 마음으로 아버지와 아들 관계가 아닌 친구 사이의 심정으로 열심히 의견을 피력하다가 잘못하였습니다 말씀드리면, 곧 아무런 일이 없었듯이 날카로우시고 거칠었던 칼날은 어디 간 듯 사라지고, 자상하시고 온화한 성격으로 변화하시는 아버님!

우리는 아버님으로부터

- 작은 것을 아끼고 사랑하는 법을 배웠습니다.
- 욕심 없이 세상을 사시는 맑고 순한 지혜를 배웠습니다.
- 언제 어디서나 남을 배려하시고 자신을 낮추는 겸손을 배웠습니다.
- 계획과 목표를 설정하시고 이를 위해 열심히 실천하시는 모습을 배웠습니다.
- 모든 일을 하시는데 있어서 대의와 공명정대함을 앞세우는 자세를 배웠습니다.
- 말씀과 행동이 일치하시는, 또한 대쪽 같은 성품을 배웠습니다.

아버님께서는 누구보다도 크고 넓고 따뜻한 마음으로 모든 이의 사랑을 받으셨습니다.

아버님께서는 그토록 아끼고 사랑하시던 가족, 친지, 친우, 자연, 사물 그리고 작고 소박한 모든 것들에게 아름다운 고별인사를 남기시고 이제 먼 길을 떠나셨지만, 사랑만은 남겨 두고 가시는 것이지요.

때로 즐거움과 겸손함을 표시하실 때 쑥스러운(계면쩍은) 특유의 웃으시는 모습, 그 그리움만은 남기고 가시는 것이지요.

아버님께서는 이제 여러 조상님들과 할아버님 할머님은 물론 십여 년 전에 하늘나라로 가신 어머님도 만나셔서 반가운 인사를 나누실 건가요. 그간 그리워하셨던 많은 정을 나누시고, 많은 이야기를 하실 건가요. 어머님께 전해 주세요. 편안하시고 선상하시기를 늘 즐거우시고요.

괴롭고 힘들었던 일, 짜증 나고 힘드셨던 일, 잘하시려고 하셨던 일들의 미진한 부분, 미처 자세하게 전할 것을 (이야기 하고 싶으셨던 것) 이야기 못한 것들, 훨훨 털어버리시고 편안한 마음으로 어머님 곁으로 가십시오.

아버님 명복을 빕니다.

아버님 사랑합니다. 어머님 사랑합니다.

2007. 10. 13

자식 올림 범현
정현
영현
삼현
규현

제 7 부

권말 부록

思仁靈山辛公大敎 一生記
사인영산신공대교 일생기

思仁靈山辛公大敎一生記

No. 1

辛大敎 一生記

出生地, 忠南禮山郡 大述面 松石里

性名 辛 大 敎

生年月日 1913. 8. 24.

學力 忠南德山公立小學校卒業 1924年

仁川善隣商業學校卒業 1935年

職業 善隣卒業後 金融機關에 8年間 勤務

大成木材工業株式會社 33年間 勤務 專務理事職

16年間 1979. 12 에 退社 後 富平하여 故鄕에

果實樹 植木하며 余生을 送日함

經歷

收受年月日	相対處	名稱	備考
1929 4.17	忠南道知事 申錫麟	表彰狀	操行善良, 學力優秀, 他人模範
1935 2/11	善隣商業學校長	賞狀	籠球部 功勞顯著
1949 12.14	大成林木 co. 從業員一同	感謝狀	労苦償
1955 7.6	仁川地方法院長 林 漢 景	調停委員	借地借家調停委員
1957 5.	大韓青年會 京畿支部	指導委員	道支部委員会
6.22	보건사회부 장관	노동위원회위원	경기노동위원회 사용자 위원
7.8	京畿道知事	"	勞動行政에 協助
8.	仁川正樂院長	顧 問	
1958 3.13	仁川地方法院長 林漢景	調停委員	仁川地院 借地借家調停委員

22X10 SHIN IL

No. 2

1958 8. 12	인천세관장	보세장 특허장	보세장치장 영업특허
6. 8	忠友会長 李[illegible]	表彰状	愛郷心発揮 会員福利増進과 相扶相助 他会員模範이 되다
1959 2. 13	東仁川地区 防火対策委員会	常任委員	地区防火対策
4. 1	서울地方法院長 林漢[illegible]	調停委員	借地借家調停
11. 20	大韓青年団 仁川支部長 [illegible]	顧問	仁川市花平洞団部
1960 3. 4	서울地方法院長 [illegible]	調停委員	借地借家調停
10. 21	경기도지사 [illegible]	감사장	애국, 애족, 반공정신 투철 민주경찰 육성발전에 협조
1963 8. 3	대한소년단 인천지방연맹 위원장 유승원	감사장	연맹 발전과 연맹 실행 위원으로 공헌함
1964 3. 2	제45회 전국체육대회 준비위원회 위원장 [illegible]	위촉	준비위원회 위원
1967 3. 27	共和党第6代大統領 選挙中央対策委員会	京畿道対策委員会 顧問	議長 金鍾泌
1964 9. 10	인천시장 장수영	감사장	제45회 전국체육대회에 적극 지원 지역 사회 발전에 기여한 공적
1967 12. 10	인천법원장 송인진	표창장	가사조정위원으로 인천의 [illegible] 추구하여 원만한 조정노력하여 인권옹호면에 기여함
1964 8. 31	경기도지사 박태원	감사장	애국심 경찰에 협조 및 8월에 소년선도 및 보호 행사 협조한 공적
1965 10. 21	경기도경찰국장 채원식	〃	애국심 반공신념 국립경찰 육성발전에 기여한 공적
1969 4. 3		〃	〃
1967 1. 13	재건국민운동 인천시 위원회장 이의형	위원	재건국민운동 인천시 추진사업
10. 25	법무장관	〃	갱생보호위원을 위촉
1968 1. 10	서울민사지방법원장 주재황	調停委員	가사 및 차지차가 위원 위촉
1961 7. 6	東仁川地区水防対策委員会	常任委員	水害対策事業
8. 26	재건국민운동추진 회회장 유승원	위원	인천시 재건사업
1962 1.	国際人権韓国連盟 京畿支部長 金[illegible]	特別委員	仁川法院内人権相談所
1. 27	재건국민운동 인천 추진회장	상무위원	

22X10 SHIN IL

No.

1962 2.	大韓柔道會 京畿 支部長 朱[illegible]	顧問	
1962 5. 16	재건국민운동본부 본부장 유달영	감사장	혁명과업 완수를 위해 재건국민운동에 참여 애국, 선도적 노력, 향토, 복지사회 건설에 [illegible]
1963 1. 1	재건국민운동 인천지부장 박승열	위원	
4. 13	인천 문화원 운영위원회 위원장 오윤영	〃	
4. 15	경기도지사 박창원	〃	방공위원회
5. 23	京畿道 軟式庭球 聯盟 會長 崔正[illegible]	顧問	
8. 30	동인천경찰서장	자문위원	경찰 행정 자문
11. 9	경기도경찰국장 한의영	감사장	애국정신, 방공정신, 치안유지에 협조
1964 3. 10	京畿道軟式庭球聯盟 會長 [illegible]	顧問	
10. 1	B.B.S 운동 경기도연맹	명예회원	
10. 1	京畿道 少年少女 保護[illegible] 協議會	위원	涉外宣傳 分科
11. 25	법무부장관 민복기	갱생보호위원	
1965 10. 2	인천시장 윤갑로	감사장	시립공보관 건립에 협조
1966 1. 7	仁川市 [illegible]	顧問	
1966 6. 1	서울지방법원장 주재황	차지조정위원	借地借家 調停
1969 9. 5	共和黨 국민투표 대책위원회장 윤치영	위원	공화당 경기 제1지구당 국민투표 대책위원
1968 3. 7	韓國生產性本部 京畿支部長 崔[illegible]	顧問	
1968 4.	보이스카우트 한국연맹 총재 김종필	위원	소년단 회관 신축 추진위원
4. 24	노량진 水源地 買收推進委員會 會長 [illegible]	위원	
8. 13	國土建設團 [illegible] 京畿道本部長 [illegible]	輔導對策委員	
1968. 8.	仁川養老院長 [illegible]	감사장	敬老精神을 [illegible] 院舍 增築에 協[illegible]
1969 8	보이스카우트 인천지방연맹 유승원	위원	회관 신축 위원

22X10 SHIN IL

No. 4

1970 2. 13	서울민사지방법원장 임기호	위원	가사조정위원 위촉
1976 9. 16	인천시장 김 태호	추대장	새마을운동고문
1977 12. 19	제물포 라이온스 클럽 회장 최종화	회원	국제라이온스크럽 소속회원

22X10 SHIN IL

靈山辛公大敎之碑文 並序

영산신공대교지비문 병서

靈山辛公大教之碑文
並序

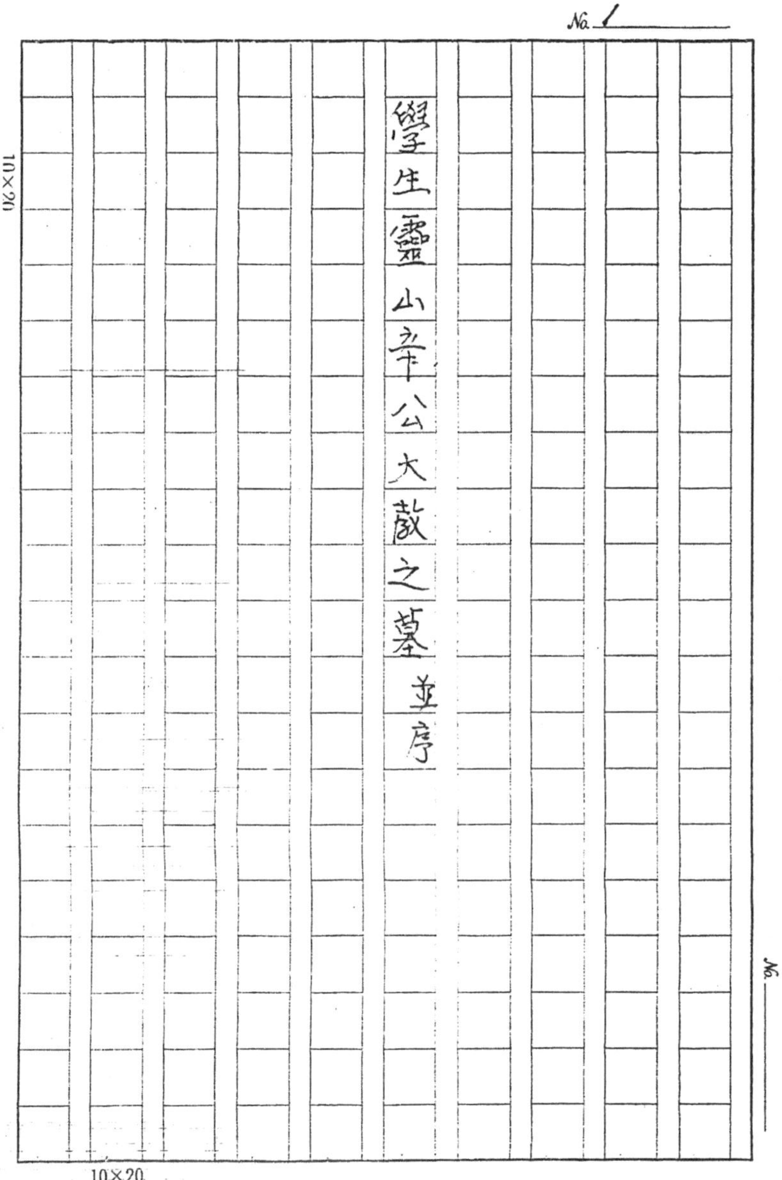
No. 1

學生靈山辛公大藏之墓 並序

10×20

No. 2

學生靈山辛公大敬之墓

公의 諱는 大敬 字 思仁 靈山辛氏 始祖의 諱
는 鏡 諡號는 貞懿 高麗門下侍郎平章事 九世
開하여 號 草堂 諱 革 左贊成 靈山府院君 男
諱 原慶 贈 亮節功臣 左政丞 男諱 富 判開城
府使로 紅巾亂時 咸從 岊嶺 殉節하시니 享年 三十
二 鷲山君은 封하다 男諱 有定은 李朝에 江陵平
安道兵馬節制使 諡號 武節 男諱 引孫 刑曹判
書藝文館大提學 諡號 恭肅 男諱 繼祖 黃海監
司 戶曹參判 男諱 厚聃 牙山縣監 忠翊府都事

10×20

州에禮山多山里에居하다 閑三世男諱啓燦號仙石 戶曹參判世子賓客掌政大夫判中樞府事 諡號靖憲 閑五世男諱景愈榮州郡守 公의高祖이시다 曾祖諱得燾 祖考諱東奭 考諱昱煥 配達城徐氏進士璐淳女 后配江陵劉氏福伊女 公 一九一三年癸丑陰七月二十三日禮山松石里에서出生 成長하여天性이快活하며 孝心과義氣心이强하였고 一九三五年善隣商業學校卒業 多年間金融機關에勤務 大成木工業株式會社專務理事多年歷任 社會奉仕에

No. 4

닷은두어 一九五二年國際人權聯盟京畿支部特別委員歷任 一九五五年서울民事地方法院仁川支院調定委員歷任 一九六五年仁川商工會議所議員被選多年間歷任 또한 教育에 닷은두어門中子女 多數의 碩學士를輩出 京畿道知事賞은비롯 社會各界의 襃賞受賞 一九八八戊辰陰十月先代祖 仙石公神道碑竪立에도 總主幹하여 物心兩面으로獻身 大役을完遂 祐으로嘉賞받은 일이다 年陰月 日卒享年 墓松石里炭洞案山 癸坐

10×20

原 配南陽洪氏淳讚女 一九一六年丙辰二月
二十九日生 年限 月 日卒墓公墓左
祔(合窆) 子孫은四男一女 長男範鉉次男采鉉
三男三鉉四男圭鉉 女韓手鉉清州人 長孫永
麒永翰永植永宇 肖子範鉉이碑銘을 請함으
로 族誼로서敢히새겨 이르노니
거룩하도다先世의世德은 代로이어왔나도다
赤手로成家하고 子孫이滿堂하니 公은참으
로先祖의蔭德을받은분이로다 큰碑를세워祖
先의功績을빛내고 英材의教育에힘을쓰고

10×20

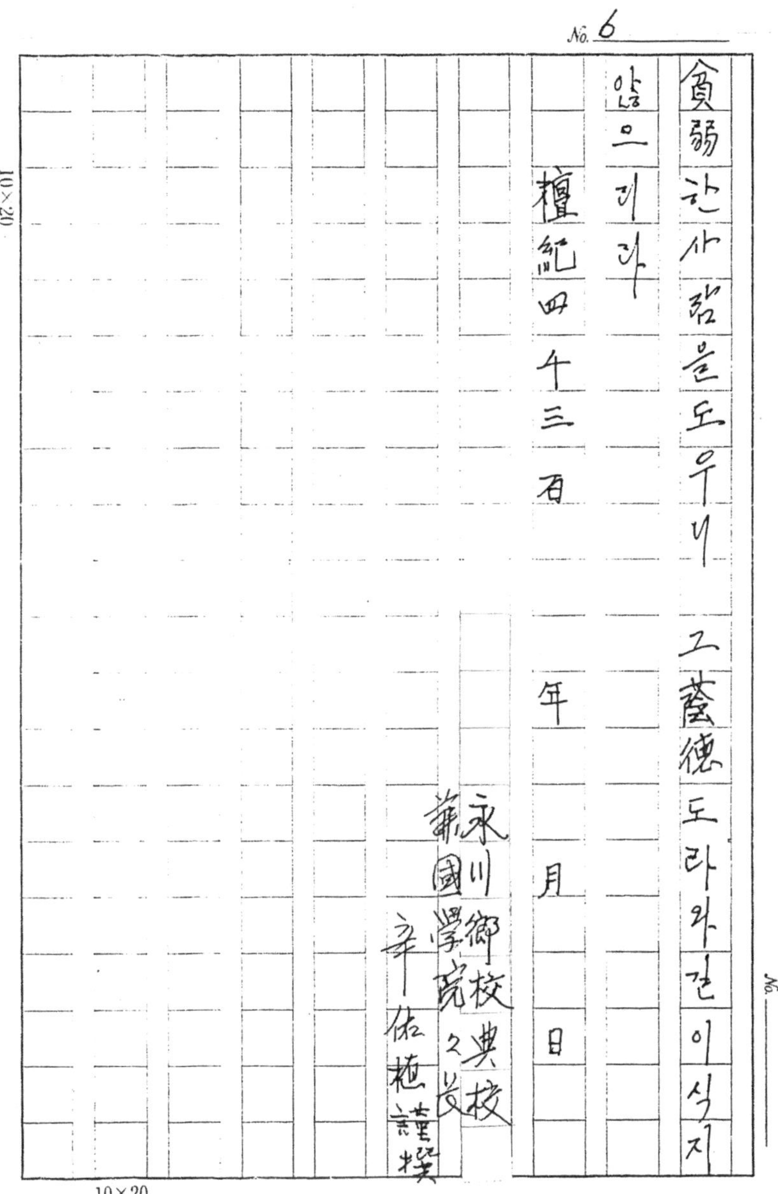
No. 6

貧弱한사람을도우미 그蔭德도라와같이식지
않으리라

檀紀四千三百 年 月 日

永川鄕校典校
兼國學院々長
辛依植謹撰

지은이 신정현 약력

* 1939년 3월 21일 인천 출생
* 1956년 인천여고 졸
* 1960년 이화여대 약학과 졸 약사
* 경력 : 결혼 전 관리약사
결혼 후 전업주부 프로부모

辛大敎 아버지
洪乙杓 어머니께 드리는 글

놀 라 움

초판 인쇄 2023년 5월 23일
초판 발행 2023년 5월 30일

지은이 | 신정현
감 수 | 한두현
펴낸이 | 김효열
편 집 | 이세호

펴낸곳 | **을지출판공사**

등록번호 | 1985 년 2월 14일 제 2-741호
주 소 | 서울시 마포구 양화진길 41, 603호
우편번호 | 04083
대표전화 | 02) 334-4050
팩시밀리 | 02) 334-4010
전자우편 | ejp4050@daum.net

값 25,000원

ISBN 978-89-7566-230-0 03810